JN058225

マイクロクレジットの小さな実験
——東ティモールにて

松葉 由美子

東京図書出版

はじめに

地球温暖化、パンデミック、第三次世界大戦の恐怖を抱えたウクライナ戦争と、人類の存続を左右するような問題に直面している今と違い、私の青春時代は20世紀後半の、とりわけ日本にとって平和な時代でした。その頃の世界の主要な課題は途上国の貧困問題だと私には思えたのです。東ティモールでマツバファンドというマイクロクレジットを始めたのはそういった問題意識からでした。

２００３年から十数年間、現地の人たちとの心の交流を終えた今、「途上国の貧困」の中に思いもかけなかった心の豊かさ、それなりの合理性を見つけ、ただひたすら経済発展のみを追い求めた私たちや現地の人々の偏った見方に、疑問を感じるようになりました。

■確かに貧しい。しかし温暖化の問題などは彼らの生活から学ばなければならないことばかりです。私たちは彼らの１００倍のエネルギーを使っています。

■医療制度の遅れは大きい。確かに病で死ぬ人も多い。私が通うようになってから何人ものマネージャーさんが亡くなりました。一番信頼していた方を含めて……。

ジュスティーノ・ヴァレンティムさんは50代そこそこで肺がんで亡くなりました。一番信頼していた学識豊かな方です。ファタルク語の辞書の作成などたくさんの文化的貢献もなさいました。

でも日本で主人や母の介護をしながら、「人間ってこんなに長く生きなければいけないものなのかしら」と思うことが多々あります。母は多少の痴呆が進み、歩くこともままならなくなりつつあります。ただ生きているだけのようなこんな生活が人間にとって幸せなのかとも思います。先進国では寿命を引き延ばすための先進医療が多額の利益を生んでいるようです。

1

■マイクロクレジットの返済率が悪い！　貸したお金を日本のようにキチンと返済してくれない！（銀行引き落としという便利なシステムがないのもその理由の一つですが）それはある意味遅れていると言えるかもしれませんが、途上国ではそれとは違うルールがあるのです。私有財産の権利より、人々が生活を維持することの方が優先されます。ある私の知人はインドネシア時代の学校の建物を占拠して住んでいます。彼女の家族は確かに独立のどさくさに家を焼かれたのですがすでに政府からその損害の補償金を受け取っています。出て行かなければならない立場なのですが、一緒に学校を占拠していた人たちの中に補償されていない被災者が一人居ました。裁判所はその被災者が居ることを認め、立ち退きを認めませんでした。貧しい人たちが生活のため空いていた建物や土地をすみかとしても決して無理に追い出すことはしません。財産の所有権より人々の生活が優先されます。連帯感や家族同士の人間の絆の方が大切なのです。それを「後進国」と言うべきかどうか疑問に思っています。貧しくてももしかしたら東ティモールの人たちの方が幸せかもしれないと思うことがあります。先進国の精神生活が途上国のそれより幸せとは言えません。

■2003年に始めたわたしの小さな実験が、最初の私の意図のように、東ティモールの経済的独立に貢献する自律的経済圏を作るのに力になったとはとても言えない中、それでもこの問聞き取りした噂話などのいろいろなデータを記録して、今後の途上国の自立のために少しでも役立てばと、この記述を残すことにしました。

マイクロクレジットの小さな実験 ❖ 目次

独立までの起業資金の調達法について聞いたこと

東ティモールでマイクロクレジットを始める前、現地ではどんなふうにして資金を調達していたか、私が聞き知った限りのことを記してみます。

まず何かビジネスを始めようとする場合、親戚のお金持ちに資金の融資を頼んだようです。その場合はあくまでも親戚からの資金調達で、利息はなかった場合もあり、ものすごく高利であった場合もあるでしょう。返済についても返せる時に返す形でいわゆる「融資」とは全く違ったものだったようです。したがって生活援助的なものが主でビジネスライクな「融資」と言えるものではなかったようです。

借金をした人が亡くなってしまった場合、葬儀の時に親族などの関係者が集まり、「自分はこれこれこういうわけでこうした金額をこの死者に貸している」と発言すると、親族の中から「それではその金額を私が払いましょう」という人が出てくる場合があるそうです（もっともたいていの場合は貸し手は諦めるのでしょうが……）。

文字の書けない人も多いのです（インドネシア占領時代にインドネシア語による義務教育が行われましたが、年長の女性などは今でも自分の名の署名すらできません）。

写真2は娘に契約書に自分の名前を書く手伝いをしてもらっている写真です。

2

おそらく書面による契約書などはほとんどないでしょうから、そういった貸し借りにかかわった親族が申し出るのだろうと思います（私のファンドも契約書の署名ができない人があり、拇印を押すか、娘が母親の手を持って署名を手伝ったりします。もちろん中に何が書いてあるか分かっていません）。

それ以外の「融資」としての資金調達は、例えばマーケットで野菜売りをしている女性は朝100ドルを市場の金貸しから借り、一日商売をして最後に101ドルを返済するというものだと聞きました。つまり年率にすると365％です。これはジョアキム（有能なビジネスマン）から聞いた金額なのですが、私の感覚から言うと市場での仕入れはせいぜい30ドル借りて31ドル返済する規模だと思うので、そうすると利率はもっと高くなります。この利子が高いか安いかは一概に言えないと思いますが、でも実に妥当な融資だと思います。金貸しは危険を冒さず融資金を確実に返済してもらえますし、借り手も手軽に資金を調達できます。

写真3は独立後の2014年に撮った写真なので随分豊かになっていますが、独立前はもっと小規模でした。

3

BNU及び国立銀行——レファレンダムで独立を決めた後

1999年のレファレンダムを経て独立を決めた後、私たちが東ティモールに行く時、いつも御世話になったのはポルトガルのBNUという銀行でした。日本からオーストラリアを経て東ティモールに行く時（インドネシア占領時代はバリ島から東ティモールのディリに国内便が飛んでいましたが、1999年のレファレンダムの後、移住していたインドネシア人を含むインドネシア派のミリシアが独立派の市民を虐殺し、国連が軍を送りました。その後バリ島経由の便は無くなり、オーストラリアのダーウィンからしか空の便での入国ができなくなりました。2〜3年後やっとバリ島経由が回復してその後はずっとバリ島を楽しむことができましたが……）、オーストラリアで日本円をオーストラリアドルに換え、ティモールに着いてからそれを現地で流通しているインドネシアルピアに換えるのはいつもこの銀行でした（現地の銀行は日本円を扱っていません）。その後東ティモールはインドネシアのルピアから脱却するため、国の通貨を旧宗主国ポルトガルのエスクードに換える決定をしたのです。この時私はお札というものはそれを支える信用というバックが無ければただの紙切れだという経験をしました。オーストラリアドルに換えた日本円を、BNUでエスクードに換えてタクシーに乗ったのですが、タクシー運転手はこのエスクードを絶対に受け取らなかったのです。「ルピアが良い」と言うのです。「あなたの国はエスクードを通貨に採用したんでしょ？　私は高い手数料を払ってエスクードに換えてきたのだから受け取りなさい」と言っても決して受け取りません。仕方なくその後私たちは再びBNUに行ってエスクードをルピアに換えました。オーストラリアドル↓ポルトガルエスクード↓インドネシアルピアと手間のかかる変換をして、そのたびにBNUから手数料を30%くらい取られました。結局エスクードは流通せず、最終的に東ティモールはアメリカドルを国の通貨に採用せざるをえませんでした。実際調べたことはないのですが、カナダドル、香港ドル、オーストラリアドルなどがあるのは、それぞれの国が通貨を採用する際、結局こうした通貨に対する信用力が一番強いアメリカドルに頼るしかなく、その後それぞれの国の通貨として定着していく中でカナダドル、オーストラリアドル、香港ドルなどになっていったのではないのでしょうか。東ティモールも最初はすべてアメリカドルをそのまま採用していましたが、少しずつ硬貨の発行を始め、独自のドルに移っていく準備をしているのだと思います。

最初銀行らしい銀行はこのBNUしか私は知りませんでしたが、その後国立銀行もできようです。こうした銀行を通じて私の知り合いがどんな形で融資を受けたか二つばかり例を挙げます。

✧ジャニコの経験

ココナツオイルの工場経営：マツバファンドからすでに＄5000の融資を受けて機械を買い、ココナツオイル生産を開始し、すでにオーストラリアに輸出しています。しかしオーストラリアの顧客から、オーストラリア向け食品生産のためには清潔な工場が必要だと言われました。新しい機械などを含めたさらなる設備投資のため銀行に＄3000の融資を頼んだところ、「＄3000の融資を受けるには銀行口座に＄3000の預金がすでにあることが必要だ」と言われ断念したとのことです。

日本のように不動産担保の融資でないのは、おそらく不動産の価値が低い（特に田舎では）こと、および不動産のマーケットが確立しておらず、確実な担保機能を果たしえないからではないかと思います。東ティモールの田舎で延々と続く荒れ果てた土地を見ると、つくづく土地というのはきちんと農地として開墾されているか、道路が通じて水が手に入り、人間が住める状態でなければ何の意味もないものだと痛感させられました。

おまけにポルトガルの植民地時代、インドネシアの占領時代と、それぞれの時代の土地登記の文書があり、土地の所有権の主張も信頼できるかどうかはっきりしない場合が多いのです。

✧ジョアキムの経験

彼は国から発電所の工事を請け負い、そのための資金を国立銀行から融資を受けようとしました。半年にわたって家・店・トラック・土地などを調べられたあげく、12%の安い金利で$3000の融資を受けたのですが、この$3000のうち$1500は担保として使ってはいけないという条件が付いたそうです。つまり実際融資されたのは$1500で金利は24%ということです。それでもとても安い！　このジョアキムの発電所の工事ですが、国から約束通りの報酬を得られなかったようです。私もこれまで小売店やコーヒーのビジネスしかやってこなかったジョアキムが突然発電所の工事などできるのだろうかと疑問に思っていました。案の定不備のある工事だったのではないでしょうか。半分ほどしか払ってもらえなかったと言っていました。

ジャニコやジョアキムはこうした政府の契約違反に不満を言い、今後絶対に政府の仕事はしないと言っていました。でも日本のように長年専門知識を培い工事経験もあるキチンとした企業が無い東ティモールでは、いくら国内需要を喚起しようと現地人に任せてみても、穴だらけの工事になったのだろうと思います。

これまでもインドネシアの銀行はあったと思いますが、多分事業を始める融資という形での銀行の利用はごく一部の金持ちの間でしか利用されていなかったのでしょう。現地の人が事業を始めるには自分でコツコツお金を貯めるか、お金持ちの親戚から借りるかだったのではないでしょうか。独立以前の東ティモールではチャイニーズティモリーズが経済を牛耳っていました。これは中国人が親戚・姻戚のグループで事業資金を融通し合い、助け合って、経済活動を行ってきたからだと思います。

独立後のマイクロクレジット

✧CRS

カソリックの慈善団体ＣＲＳがその様々な活動の一つとしてマイクロクレジットを開始しました。これはバングラデシュのグラミンバンクをそっくり持ち込んだもので、集金をする人を雇い、バイクをそろえて毎週集金に行きます。ＣＲＳのティモール人の責任者によると、返済率は98％とのことでした。でもこのマイクロクレジットはその後資金が尽きて撤退したとのことなので、この「98％の回収率」とはおそらくグラミンバンクのデータをそのまま引用しただけで、東ティモールのＣＲＳが98％の回収率を上げていたのでは無いと思います。私の経験からも98％の回収率はあり得ません。数十ドルの融資は別として、起業といえる規模の融資では……。もし98％の回収率を上げていれば撤退する理由がありません。

✧TUBA RAI METIN

マッバファンドのスタッフの義理の兄がここで集金業務を担当しており、その人から話を聞きました。

完全な地元資本のマイクロクレジットで将来民族資本の銀行を目指しているとのこと。CRSと一緒に活動を開始しましたが、CRSは2006年に資金が尽きて撤退し、資金(おそらく焦げ付いた未収債権)をTUBA RAI METINに残していったそうです。私の聞き取りが間違いでなければ、TUBA RAI METINの資金はこのCRSの残した資金を引き継いだものと思われます(実際私にも、「もしマッバファンドが撤退するなら、後を引き受けるよ」と言ってくれました。ちょっとぞっとする!)。

TUBA RAI METINのシステム

例えば$1000を融資すると、毎月$150集金し10カ月で全部回収するシステムです。したがって利子は年間60%。融資対象者は女性で、2人の保証人を必要とします。13の県に事務所があり、融資を受けた女性は毎月その事務所に返済金を持っていかなければなりません。もし期限に返済しなければ1週ごとに$10のペナルティーがあります。136人の男性が集金人として勤務しており、顧客は1万3000人とのことですが、これについてはずっと大きく展開しているモーリスラシックが顧客8000人とのことなので、疑問符が付きます（CRSの未収金が大部分かもしれません）。

なぜこんな高利で？

なぜこんな高利でも借りる人がいるのかと聞いてみると、サラリーマンではない自営業者はお金を借りるところがない。したがってどうしても資金が必要な時TUBA RAI METINにやってくる。TUBA RAI METINの方も資産チェックをして資産のある人にしか貸さない。CRSやモーリスラシック、マツバファンドのように「貧しい人の自立のため」などというスローガンはなく、「東ティモールで初めての民族資本の銀行を」という彼らなりの理想を掲げている。

現在利益を上げているとのこと。

なぜティモール人が高い利子でお金を借りるかについて、私は彼らが利子の実感がないからではないかと思います。まず計算ができない。インドネシア時代に義務教育が行われましたが、学校に行かない子がおり、特に女性は字が書けなかったりします。私も18歳の男の子にくり下がりのある引き算を教えたことがあります。またパーセントの計算は全くできません。専門学校で税務事務の資格を取った子でも、10％以上の複雑なパーセントの計算はできません。でも今は計算機で簡単にパーセントの計算ができますが……。融資を受ける時、利子率がどれくらいかなどあまり考えようとしない傾向があります。

✧モーリスラシック

モーリスラシックの事務所に行ってマイクロクレジットのシステムについて質問しました。しかしそういったことについては「Confidential」「Confidential」「Confidential」が多く、いずれ検討してメールで回答するという返事でした。まだ回答をもらっていません。利子については様々なものがあり、一番低い利子は貧しい女性たちのための6カ月編成で9％のものだとのこと。つまり1年18％です。私がうわさに聞いたモーリスラシックの金利は24％・36％・60％と様々あり、これは広報の人の言ったとおりでした。

東ティモールでは私はいつもセバスティオ・ダ・コスタというホテルに泊まるのですが、このホテルはオーストラリアに移住したティモール人が独立後に帰ってきて、国連や援助団体、各国のNGOのホテル需要を当て込んで建てました。ある日このホテルのオーナーのおばさんという人に会いました。彼女はティモール人の貧しさの話をし、自分は彼らを助けるために8％の金利でモーリスラシックへ融資しているというのです。そして「モーリスラシックの金利は18％で、他の金利は信じちゃだめよ」と言いました。モーリスラシックの事務所の人が「利子は18%からいろいろある」と言ったのもあながちウソではなかったようです。多分オーストラリアで資金を募集する時、「貧しい人たちのマイクロクレジットで利子は18%」とうたっているのではないかと思います。この人は8%でモーリスラシックに融資しているとのことでしたが、モーリスラシックではそんな融資は受けていないとのことです。オーストラリアの銀行が宣伝としてモーリスラシックへの融資を組み込んだ債券か何かを売り出しているのかもしれません。

ただTimorPlazaにある素晴らしいモーリスラシックの事務所を見るにつけ、私のファンドはたとえ回収率が100%だったとしてもこんな事務所は借りられないだろうなと思い、

4

5

6

モーリスラシックの事務所

ＣＲＳが24％の金利でも資金が尽きて撤退したことを思うと、いろいろなConfidentialがあるのも無理がないように思います。

アウローラファウンデーション（初代大統領シャナナ夫人のKirstyさんが設立したＮＰＯ。教育、地域開発などの慈善事業をやっている）がモーリスラシックはたくさん問題を起こし、返済しない人から家具や水牛（これは日本では当然です）はては子どもまで連れて行ったことがテレビで報道されたと言っていましたが、モーリスラシックが大きな影響力のあるマイクロクレジットだからこそ、こうしたことが報道されるのだと思います。

融資を受けている所はIFC・Triodos・Grameen Bankなどからと聞きました。この金融機関がどこにつながりどこから資金を受けてホテルのオーナーのおばさんの言う８％の融資金につながっているのかは分かりません。

私の始めたマツバファンド

私が２００３年にマツバファンドを始めた時、ここに挙げたようなマイクロクレジットが東ティモールに存在することを知りませんでした。知っていれば新たなマイクロクレジットを始めるのにもっと躊躇したことと思います。私は自分のファンドが東ティモールでの最初のマイクロクレジットだと信じていたのです。２０００年ミリシアの虐殺の後、独立を決めた東ティモールに入った時、私が見たのは失業者の群れでした。国家公務員はすべて職を失い、インドネシア資本に雇われていた人たちも失業しました。チャイニーズティモリーズなど多少の経済活動をしていた現地人も暴動で資産を失い、今後どうしていくか先が見えない時期でした。国連や多くのキリスト教系ＮＰＯが洪水のような援助活動を始めましたが、無償の援助がいかに無責任な結果を生み出すかも経験しました。漁具を援助してもらった漁師グループは壊れてしまうと捨ててしまって解散。多額の資金でレストランを開店した孤児院の経営者はコックがいないという理由で閉店です。コストパフォーマンスをキチンと考え、責任を持って起業するには人から与えられたものではダメです。

丁度その頃グラミンバンクが注目され始めていました。資産を持たない人への無担保融資で、少額融資から徐々に額を増やしていく方法にしてグループ保障と毎週集金するという方式で資金回収を担保するもので、支援ではなく融資というビジネスの形を取り、融資を受けた人たちに責任を持たせると同時にこの機関そのものも継続的活動と、あわよくば利益をも生み出すというものでした。

もちろんグラミンバンクは生活そのものに関連する結びつきを組み込んだもので、このように要約されたものでは語りつくすことができないと思います。でも経済基盤が崩壊した東ティモールで失業者の群れを見た時の私には、前者が強く印象に残りました。

当時ポルトガルのBNUが唯一の金融機関（と思っていました）で、文字もろくに書けない資産の全くない人々にはとても融資など考えられないことでしたし、もちろんマイクロクレジットも一つもありませんでした（と思っていました）。

「この国に今一番必要なのはこれだ」と確信したのです。

✧私のマイクロクレジットの原則

先進国の人間が途上国でマイクロクレジットをする場合、何に重点を置くかをはっきりさせるべきです。バングラデシュのグラミンバンクは途上国内部のマイクロクレジットなので経営の安定性に重点を置くのは当然です。でも先進国が関わる場合、一番の目標は**貧しい人たちの起業**を援助することにあるはずです。このため、利子はできるだけ安く、10％（これは計算しやすい数字でもあり、現地の人の計算能力にも適合しています。当時東ティモールで一番安い利子でした）に抑え、日本人スタッフ（私だけですが）の飛行機代、ディリでのホテル代は自分持ち、給料は将来も現地人スタッフにのみ払う。10％の利子はティモールの貧しい人たちからの収益なので先進国のスタッフが手を付けるわけにはいきません（これは国連やNGOの高い給料にティモール人がいかに反発したかを見てきた反省から考えたことです。「お前らは俺たちの貧しさで食ってるんだろう」とさるNGOのメンバーに言ったそうです。国連に対する地元の人たちの反発もこういった格差をまざまざと見せつけられたせいだと思います）。利益が上がった場合すべてこれからのクレジットのため積み立てます。

そこで私のファンドは次の原則を掲げることにしました。

1　ファンドそのものを寄付とし完全非営利のマイクロクレジットとして資金は永久

にティモールの貧しい人たちへの融資資金として残す。

2　グラミンバンクと同じく資産を持たない人への無担保融資。

しかし資金回収については、ファンドの目的達成と経費節減に重点を置き、回収の確実性を追求しない。厳しい取り立てはこのファンドの意図に反する。

A　数十ドルの少額融資では起業は難しい。起業できるだけの資金を融資する。

B　融資基準はビジネスとして現実的であるかを要件とするが、同時に返済の確実性よりも人々のニーズを重視する。

3

C　各地域にきちんとした職業を持つ信頼のできるマネージャーを置き、コミッションを支払って融資先の紹介、資金の回収をしてもらう。毎週集金するという形は経費が莫大で（したがって利子が高くなる。グラミンバンク24％・モーリスラシック36％等）、借り手にも負担（たった数ドルの支払いでも事業がまだ軌道に乗っていない場合大変な負担になる。バス代を節約し、数十キロも歩いて隣町に鶏を売りに行くという話を聞いた）となる。具体的には、回収した10％の利子の中からマネージャーに3％のコミッションを払う制度で、人間関係を担保にし、非営利であることそのもので彼らのモラルに訴えることとする。

Ｄ　原則グループ融資とするが、個人融資も受け付ける。グループでのビジネスは必ずしも成功していない。コオペラティブの失敗も多くある。

４　目標を単に貧困を緩和することだけではなく、東ティモールの経済的自立に寄与することとする。従って小規模の企業のための資金ばかりでなく、食用油の自給のためのココナツオイル工場への融資や東ティモールの物流（郵便制度がなく、物資は個人の自動車かバスで運ばれている）を効率化するためのグループへの融資など、能力の範囲でかなり大規模（？）な融資もする。

✧２００３年から始めたマツバファンド

この原則に従ってマツバファンドと名付けた小さなマイクロクレジットを２００３年から運営しました。１９０ほどのグループに約十万ドルの融資をしており、中にはちょっとした民族資本家に成長した人たちもいます。融資先のココナツオイル工場は、太平洋諸島の支援をしているＳＰＣというＮＧＯから30の支援企業の一つに選ばれ、オーストラリアへの輸出の契約が決まりました。

７

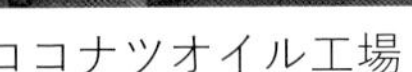

ココナツオイル工場

4人の女性たちと野菜の行商をやっていたジョアキムは、小さな店を持ち、その後大型のコーヒー精製機（彼はサメのマネージャーも引き受けてくれたので、このコーヒー精製機のために多めの融資をしました）を手作りし、トラックを買いました。

もちろん大部分は小さなお店や市場の野菜売り、豚や鶏を育てる小さな小さなビジネスです。私のような小さなマイクロクレジットは「お金を配っておしまいになってしまうのでは」という批判も受けますが、ほんの少しでも本格的な民族資本家を生み出せたのは自慢できるかもしれません。

✧ココナツオイル——東ティモールの経済的自立のために

この国は多くの部分を他国からの援助や輸入に頼り、主食の米まで自給することができません。私が田舎の農業地

8

ジョアキムのトラック

9

大きくなったジョアキムのお店

帯に行く時、いつもバスいっぱいに積みこまれているのはタイやベトナム、中国からの輸入米です。

食用油についてもほとんどインドネシアからの輸入品です。国内に豊富にあるヤシの実を使って、国産の食用油の生産ができれば、この国の経済的自立の第一歩になるのではないか。またこの一歩を手始めに、国産品購買運動を起こし、輸入米よりは芋を食べ、子どもたちに栄養豊かな豆を食べさせ、少なくとも食料くらいは自立できる素地を築くべきではないかと強く思いました。私のこの提案に賛同してくれるティモール人は多くおり、新聞は私の提案を記事にしてくれ、農業省の役人も賛同してくれました。**東ティモール政府がヤシの実農家のコオペラティブに4000ドルの無利息無担保の融資をし、コオペラティブはこの資金でココナツオイルの生産を始める。この工場は年間3万リットルの食用油を生産できるので、人口約100万人の東ティモールでは工場を100作れば需要の大部分を満たせる。これが私の提案でした。**

東ティモール政府はもっと積極的で、農業省が十数個のコオペラティブに各1万ドルの経費で工場と機械を準備し、無料で提供しました。写真10は、右端が私のマイクロクレジットのマネージャー・ジュスティーノさん、左から2人目がココナツオイルの技術者で後に私がココナツオイルのプロジェクトに融資したジャニコ、あと2人はソルのコオペラティブのメンバーです。私の提案した融資ではなかったのですが、より理想的（？）とも言える形で始まったのです。

しかし最初にできたソル地方の工場では、初年度の半年で上げた多額の利益をメンバーで分配してしまい（各メンバーが資金を出し合って工場と機械以外の資金を準備したため、利益の分配がどうしても必要だったそうです）、次の生産のためのココナツの買い取り資金が無くなり、またメンバーそれぞれの農作業の時期とも重なって生産はストップ。資金援助を頼まれたので、原料買い取り資金をマツバファンドから融資しました。生産は再開されたのですが、怪しげな金融会社が「預けただけで高金利を保証する」と勧誘に来て、資金をすべてだまし取られたとのことです。他のコオペラティブについても、生産が止まっているという話は聞くのですが、順調に生産を続けているところを知りません。コオペラティブについて抱いていた幻想は見事に打ち砕かれました。利益を共有するのは簡単ですが、負担を共有することはなかなか難しいようです。

10

ソルの工場等へのつなぎ資金の融資という形の支援もしていますが、マツバファンド独

自にココナツオイルのエンジニアだったジャニコに融資して新たに工場生産を開始しました。それが前述したオーストラリアへの定期輸出の契約が決まったココナツオイル工場への融資です。ジャニコは食用油・バージンオイルの生産や、ヤシ殻の利用なども開発し、様々な努力をしているようです。

しかし肝心の国内でのココナツオイルの普及については、あまり芳しくありません。ディリのマツバファンドが融資しているお店に置いてみたのですが、「みんなBemoli（インドネシアからの輸入食用油）の方が良いと言ってココナツオイルは買わないよ」と言われました。でもまだあきらめていません。多少眉唾でも、「ココナツオイルは健康に良い！」とか「Buy Timoli（東ティモール産ココナツオイルの商品名）! And kick out Bemoli!」というスローガンで、国産品購買運動を勧め、ほんの少しの保護関税をかければ何とか弾みがつくのではないかと考えています。大統領（当時タウル・マタン・ルアク）もココナツオイルには強い思い入れがある方なのでお願いしてみようと思っています。

✧これまでの結果

ご想像の通り回収率はひどく悪いのです。利子を払ってくれるのは約60%、30%は「払えなくてごめんなさい。いつか利子を払うから」と言ってくれ、10%は全く返ってきません。こんな時の私のセリフは「このお金は私に返してほしいのではない。同じような融資を望んでいる東ティモールの他の貧しい人たちのために返してほしい」というものです。でも60％の返済された利子で現地での運営費はちゃんとまかなえ、多少の蓄積もできました。今後現地の人たちで独立して運営していくことはできます。

これまでマツバファンドは私の個人資産だけでやってきました。そのため私の個人的なファンドの色合いが強かったのですが、何とか「個人的ファンド」の限界を打ち破ってもっと一般的なファンドに育てられればと思っていました。東ティモールのラガ孤児院の60人の孤児たちの支援を長くしてこられた佐藤悦子さんや元日産自動車社長の塙義一さんなどいろいろな方々から多額の寄付もいただきました。でも多分私の能力の限度を超えています。家族の介護などという個人的な理由でこの活動を現地のスタッフに残すしか無かった自分の力のなさを反省しています。

現在東ティモールにもマイクロクレジットがたくさんでき、金融機関も整備されてきましたが、そうした金融機関とは異なり、先進国からの途上国の草の根の人たちへの支援としての融資、先進国からは寄付、でも東ティモールの人たちにとっては融資という独特の役割を継続することができないものかと思案中です。

２００３年1月に私の融資した最初のグループは今も同じ場所でお店をやっています。

そんなに大きくなったわけではないのですが品ぞろえがちょっと充実し、「この店のおかげで子どもたち（あちらでは子どもの数はたいてい10人くらいです）の教育費が払えた」と言ってくれています。私にとってこの言葉が一番うれしい言葉です。

マイクロクレジットの過大評価

グラミンバンクは「24％の金利、98％の回収率、途上国の経済発展のための有効な手段」ということで、一時マイクロクレジットに対する過大評価がありました。マイクロクレジットに対する融資をいろいろな金融機関やＮＰＯが一斉に始めた時期があったのです。でも私はこの「24％の金利で98％の回収率」の部分はそんな甘いものではないだろうと思っていました。まず最初の数十ドルの融資などではビジネスを始めるにはあまりに少額です。もし起業をするのに十分な融資をするなら、返済率はずっと悪いに決まっています。日本でだって全くの素人が起業する場合、失敗の率は高いのです。でも「途上国の発展のための有効な手段」である可能性はあると思いました。この有効な手段を途上国の貧困を緩和するという目的に使うには、最初から融資の回収を当てにしない、つまり資金は最初からすべて途上国に置いてくることを覚悟しなければならないと思いました。でもその頃、先進国の金融機関などが有利な投資先としてこのマイクロクレジットに目をつけたようです。

私のところにもシアトルの金融機関から招待状が来て、５人まで旅費とホテル代を出すから、マイクロクレジットの会議に参加しないかという勧誘のメールが来ました。「ぜひ参加させてほしい。私のマイクロクレジットは10％の金利で途上国の貧困を緩和するため活動している」と返事をしたところ、以後一切連絡が来なくなりました。先進国の個人から途上国の個人事業主に融資するKiva（先進国で融資する人は無利息で一年後に返済を受け、Kivaは途上国に融資し、手数料を取るシステム）にもメールを出し、kivaからの融資をぜひお願いしたいと頼んだところ、丁重な断りのメールが来て、「あなたの高邁な活動に敬意を表します。しかし私どもは５００人以上の大きな規模のマイクロクレジットにしか融資しないので、残念ながらご期待に沿えません」という返事が返ってきました。私のファンドは返済し終わったものもすべて入れれば、これまで１９８のグループに融資をしています。５００人には足りないかもしれませんが、結構たくさんの人が関わっています。でも後で分かったのですが、kivaは10％の手数料を取ります。10％の利子しかとらない、マツバファンドには借りる資格がないのは明らかです。

今回私は衝撃的な現実に出会いました。

いろいろ問題を抱えているとはいえ、完全な営利企業ではなく貧困を緩和し途上国の経済発展に尽くそうという意図で活動しているモーリスラシックについてショッキングな話を聞いたのです。少し前からこのモーリスラシックは、返済しないと家具や水牛を取り上げ、はては子どもまで連れて行ったという悪い噂を聞いていました。でも返済しなければ借金のかたに家具を持ち去ったりするのは日本でもあります。しかし今回はあそこで借金するととんでもないことになるということで私のところに借りに来た人たちが6人いたのです。

例えば、

$500借りると毎週$45、六カ月間合計$1080返さなければならない。つまり116%、年率にすると232%です。

$1000借りると毎週$90、一年間合計$4680返さなければなりません。368%です。

これでは以前の市場の高利貸の方がずっと良かったと思います。市場では毎朝$100借りて、野菜などを仕入れ、一日商売をして最後に$101返します。つまり年率365%です。でもこれはたった一日だし、計算のできない彼女たちにもしっかり自分の経理計算ができます。毎日今日の商売を金貸しから借りてするかどうか検討できます。

今マイクロクレジットに対する評価がものすごく低くなっていると聞きました。現地のマイクロクレジットが、金利をどんどん上げており、１００％を下回るものがほとんどないというインターネットの記事もあります。

私は実際マイクロクレジットをやっているので、こうしたＮＰＯや金融機関から融資を受けているマイクロクレジットの窮状が分かるような気がします。私も最初先進国の人たちから融資をしてもらえないかと考えました。でも円→ドルの変換手数料が３％弱、ドル→円の手数料が３％弱（もちろん銀行送金なら送金手数料＋１％です。でも一度に＄３０００程度しか持ち込めないため、たいてい現金で持ち込みます）かかります。

マツバファンドは利子は10％です。この10％の利子の中からマネージャーさんのコミッションを３％払い、残りが７％ですが、ここから６％も送金手数料だけにかかってしまうと他のことは何もできません。最近パートですが、スタッフを雇い、毎月＄80（あちらの最低賃金は＄１１５です）かかります。地方に行くための車をレンタルすると、一日＄１５０くらいかかります。インフレですべて上がり、私も年を取り、さすがにバスで田舎に行く体力が無くなりました。本当にマイクロクレジットは経費がかかります。

だからとてもじゃないけれど、融資してもらってそれを日本の人たちにお返しするなんてことはできません。「経費はこちら持ちで」とも考えましたが、為替相場の変動を見ただけでも確実に返済することは保証できないことがお分かりでしょう。

ところが、マイクロクレジットに対する評価が高まるにつれ、それを支援する援助機関ができてきて、金融機関もマイクロクレジットに融資をしてくれるようになりました（日本でも大和証券などがマイクロクレジット関連の投資信託を出しています。その後こういった関連の投資信託が見られないところを見ると失敗したのだと思います）。これが地獄を招いたのだと思います。KivaとかオリコとかのＮＰＯが無利息で先進国からお金を集めますが、これはそのまま無利息で途上国のマイクロクレジットに行くわけではありません。説明したように、為替手数料がかなりかかります。その上いかにＮＰＯとはいえ、スタッフの給料（先進国のスタッフは途上国から見れば不当に高い給料を取ります）など経費がかかるのです。だからKivaは10％の手数料を取ります。オリコもきっとその程度取ります。銀行がどれくらい取るかは知りませんが、もっと高いでしょうね。この高い利子を確実に払わなければならないとなったら、私だって焦ります。信用を保つために必死に集金し、利子を上げ、また利子を上げれば上げるほど回収率は悪くなり、結局現在のような結果になったのだと思います。

マイクロクレジット自身がこういったＮＰＯや金融機関から大盤振る舞いを受け、きちんとした目処もないのに10％を超える金利で融資を受け途上国の小さなマーケットを無理やり広げようとしているのでしょう。**途上国の貧困の問題をマーケットシステムで解決できるかもしれないというのは幻想だったのかもしれません。**途上国はあまりにもマーケットが小さすぎます。私のマイクロクレジットでも、大きな成長をしているのはココナツオイルやコーヒーなど先進国のマーケットを対象にしたものばかりで、国内市場対象のものはそこそこの商売です。ゾウとネズミの勝負ではとても勝ち目はありません。

有効なマイクロクレジットであるためには????

まず十分な資金が必要。返済率が悪くても厳しい取り立てをしなくても済むだけの余裕資金が必要です。インドでマイクロクレジットの返済ができずに自殺者が出たというニュースがありました。そんなことになったら何のためのマイクロクレジットか分かりません。

次に起業をするメンバーたちへのビジネスのアイディアや指導が必要でしょう。ある程度国もそうした支援をする必要があります。でもこれも難しい。

先に書いた東ティモールの自律的経済を目指してのココナツオイル生産の結果もあまり芳しくありません。肝心の国内でのココナツオイルの普及についてはそれほど広がっていないのです。前にも書いたようにディリのマツバファンドが融資しているお店に置いてみたのですが、「みんなBemoli（インドネシアからの輸入食用油）の方が良いと言ってココナツオイルは買わないよ」と言われました。ココナツオイルは搾りたてはとても美味しくまるでバターのような風味なのですが、劣化が早く、かなりきついにおいがするので拒絶する人が多いようです。このイヤなにおいを取り除きキチンと精製された食用油にする技術は、インドネシアの大企業には及びません。マイクロクレジットの限界かもしれません。マイクロクレジットだけに頼るのは多分無理なのでしょう。そのほかの様々な要素が大切なのだと思います。今後の課題でしょう。

有効なマイクロクレジット――何が必要とされているのでしょうか。

私の小さな実験が今後に何かを残せるとしたら、この実験の検証から新しい道を探すことかもしれません。そのことを願ってマツバファンドの記録を残すことにしました。

マイクロクレジットを終えて思うこと

人間の生活は経済だけで成り立っているのではありません。私たちには理解できないイスラム教やヒンドゥー教など様々な宗教の生活形態、それがいかに不合理に見えようとも、それなりにその人たちにとっての合理性があるのでしょう。それぞれの民族・社会にとって精神的支柱があります。戦前日本は男子の家督相続でした。東ティモールでは現在もそうです。それは財産を子どもたちで分けてしまうとその後の生活が成り立たなくなるからだと思います。その代わり戸主は残りの家族に責任を持ちます。戦前、私の祖父も父親が亡くなった後戸主をついだ兄に育てられ、兄が亡くなった後戸主を引き継ぎ、兄の娘を養女にして育てました。今でも我が家は若い頃御世話になったその義理のおばさんの娘さんたちにとても御世話になっています。

東ティモールの精神的支柱はカソリックです。長いポルトガルの植民地の歴史からキリスト教が根付きました。各村には必ず可愛い教会があります。首都にはドン・ボスコやサレジオ会の大きな拠点があり、ローマからの資金で孤児院が完備されています。クリスマスには貧しい子どもたちまで、まるで結婚式にでも出るようなおしゃれをしてミサに出かけ、毎週日曜日もミサを欠かしません。孤児になると（東ティモールには戦争や貧しさのため孤児がたくさん居ます）誰かが引き取って育てます。我が子と同じようにとはいきませんが、でも自分の子として育てます（もっともこの子たちはいずれ大きくなったら労働力になります）。貧しい人たちやハンディキャップのある人たちへの差別も私たちよりありません。私がよく通ったレストランに時々ホームレスの老人がやってきます。彼はお店に入ってきてごく自然にテーブルに着くのですが、レストランの女の子は何も言わずに彼の元に一皿持ってきます。食べ終わるとその人は礼も言わずに静かに去って行きます。

私たちの慣れ親しんだ民主主義とやらは、個人が独り立ちして生活できる社会を前提にしているのかもしれません。個人がすべてに責任を持ちます。その代わり個人が政治についても経済についても平等な権利を持つのです。

でも貧しい国では個人の独り立ちではなく、個人は集団に組み込まれ、その中で生活が成り立っていくのだと思います。多分私たちには理解できないイスラム教の女性差別や様々な非人道的にみえる習慣も、その集団を維持するのに必要なものだったのかもしれません。イスラム教では利子は禁じられています。貧しい人には喜捨をしなければなりません。そういった世界ではお金を借りてビジネスを始め、その収益で利子を払うのは多分なかなか受け入れられないのでしょう。

「価値観を共有する民主主義国家」という言葉をよく聞きますが、これは個人が自立できる経済的基盤を持った豊かな先進国のみに許される贅沢なのかもしれません。もっとも東ティモールでは民主主義は生きているように見えます。もしかしたら日本以上に。レファレンダムで独立を勝ち取った新しい国だから。

✧独立直後の東ティモール

11

独立直後のパン屋

12

ドラム缶で作ったオーブン

13

コーヒーの実

14

手作りのコーヒー精製機

15

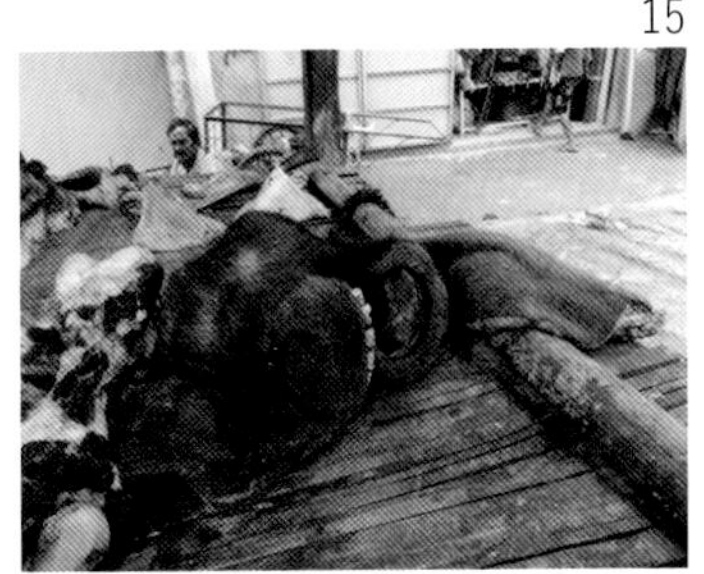

独立直後の肉屋

マツバファンドの具体的融資の記録

ただただ楽しい楽しい出会いでした。私にとってこの十数年間は宝物のような年月でした。そうした出会いの記録をここに記します。

２００３年ロスパロスのジュスティーノさんのグループのキオスクへの＄１０００融資が最初の融資でした（写真16、写真17）。二つめの融資はジュアニーナたち５人のグループ（写真18：５人の内３人のみ写っています）がトウモロコシを挽く機械（写真19）を買い、１年ですべて返済し、大成功した事業でした。このトウモロコシを挽く機械はずっと後になってまた再び出会い、ちゃんと生きているのを確認しました。いろいろ手を加えて姿は変わっていましたが……。

16

17

私自身の父からの遺産で始めたのですが、マツバファンドの活動を知って下さる方、ラガ孤児院の60人の孤児が中学を卒業するまでの生活費・学費をサポートなさった佐藤悦子さんや、同窓会誌に寄稿した私の文章を読んで「応援しています」というメールを送って下さった元日産自動車の社長塙義一さんなど、たくさんの方々から寄付をいただきました。そのため寄付を下さった方へのご報告をお送りするようになり、その記録が2014年あたりから残っています。不完全ですが残っていたその記録をここに記します。

ご報告

2014年

6月22日～7月5日まで東ティモールを訪問してきました。

以下ご報告です。

18

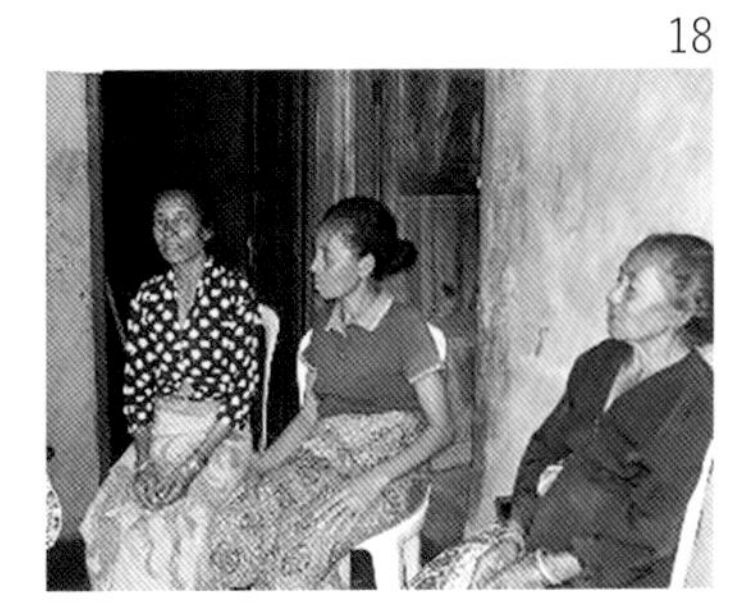

19

以前ガラクタ航空と言われたガルーダは今は素晴らしい航空会社になりました。サービスもお料理も様変わりし、日本人のキャビンアテンダントも2人乗っていて以前の日航とひけを取りません。バリの空港もちょっと見ない間に素晴らしくなりました。以前ドバイの空港に立ち寄ったことがありますがちょっと似ています。バリ人に言わせると、空港に入っている資本の40%くらいが外国資本、それもインド人だそうです。前はバリの伝統織物や木彫りの人形など、地元のものが並んでいたのですが、今回はブランドショップが並び、食べ物もチップスやトルティーヤなどニューヨークにありそうなものがそろっています。

去年6月21日には入国ビザが$25、出国の空港税が10万ルピアだったのですが、今年7月5日に入国した時は入国ビザが$35、空港税が20万ルピアに値上がりしていました。

東ティモールの首都ディリについても目覚ましい変化がありました。1年ほど前にティモールプラザという高級そうな

20

21

ショッピングプラザができていて、こんなところ誰も買いに来ないに違いないと思っていましたが、今度は13階建ての財務省のガラスのビル（写真20）がそびえていました。そのすぐ近くのコモロのマーケットではミカンを売る子（写真21）がいます。このアンバランスが現在のティモールなのでしょう。

初日から数日は打ち合わせ、車の手配などの準備をし、26日からロスパロスに出発しました。これまで車をレンタルしていた地元資本の会社がレンタルをやめ、遠くの方の外資の大規模資本（何をやっている会社かわかりませんが、レンタルが主の会社ではありません）の会社からレンタルすることになりました。これまで一日＄65だったのに＄85＋保険＄15（ティモールに保険会社が入りました。これまで自動車の保険なんてここでは絶対割に合わないわと思っていましたが、保険をかけることができるようになったのは進歩です）で一日計＄１００です。その上運転手に一日＄25、ディーゼルも上がっています。東ティモールではディーゼル車が多いのでガソリンよりもディーゼルの値段の方が高いくらいです。水1ボックスとパンやミカンを買い込んで朝早く出発しました。ロスパロスまで6時間です。ランチタイムにはいつも海辺のライバイというところで

22

イカンバカール（写真22）を食べることにしています。新鮮なお魚の炭火焼きとカトゥーパ（写真22の右の方に見える、お米にココナツミルクを混ぜ、ココナツの葉にくるんで蒸したもので、旅行する時やお祭りの時に食べます）のランチです。

お預かりした資金の融資について

ロスパロス（東ティモールの東の端）

✧ロスパロスのコムのグループ

(1) コムという観光地でタイシを織ってお店やホテルに卸したり、はては輸出まで視野に入れているグループです（写真23）。以前タイシはお土産にすぎず、東ティモールの経済全体の発展にはそれほど貢献しないのではないかとあまり積極的ではなかったのですが、最近考えを変えました。観光客がたくさん来るようになりました。どちらにしてもこんな小さな国ではバランスのとれた発展などないのかもしれないし、世界中がすべて極端にいびつな経済になってしまっています。お金を落としてくれる観光客相手の仕事も大事だと思い始めました。

9人のグループですが、コムは遠いのでそのうち5人だけがやってきました。$5000欲しかったようですが、$1000だけで我慢してくれました。

○メンバー紹介

① Robela Mendes 41歳 子ども4人 グループのリーダーで、英語が話せます。
② Candida Do Carmo 62歳 子ども1人
③ Izilda Da Silva 39歳 子ども5人
④ Cesilia Monteiro 51歳 子ども4人
⑤ Elvira Da Silva 46歳 子ども8人
⑥ Terezina Da Silva 52歳 子ども10人
⑦ Filomena Antinos 42歳 子ども無し
⑧ Tereza Neves 43歳 子ども5人
⑨ Ersilia Dos Santos 58歳 子ども5人

23

24

✧ロスパロスの⑵・⑶・⑷の融資先

⑵　Lina De Jesus　42歳　子ども８人（21～8歳）未亡人（写真24の一番左）

パンやケーキを焼いて売る仕事：＄５００融資

この人の夫はアフメットという日本のＮＧＯで働いており、ココナツ石鹸の指導をしていたのですが、つい最近亡くなったそうです。８人も子どもを抱えてこれからの生活がかかっていると思います。以前パンやケーキを焼いて売る仕事をしたことがあり、それをまた始めたいとのことでした。

東ティモールは元ポルトガルの植民地だったせいか朝はパンです。市場でパンや揚げパン、バナナやテンペ（インドネシアの納豆？）の揚げたものを朝から売っています。ケーキ（パウンドケーキでクリームなどはのっていません）も結構普及しています。

⑶　Assunsao Cristovao　51歳　子ども８人（25～12歳）未亡人（写真24の左から２人目）

タイシ織物（コムではなくロスパロスで）：＄５００融資

やはり未亡人で、子どもはかなり大きくなってはいるようですが小さい子もいます。

(4) Ersilia Dos Santos　54歳　子ども5人（19〜14歳）夫は農夫（写真24の一番右）

マーケットでの野菜売り：＄５００融資

こちらでの女性のビジネスではマーケットでの野菜売りは一番ポピュラーです。彼女は経験があるようなので、うまくやってくれればと思います。農業という職業は東ティモールでは一番貧しい人たちの職業だと思います。ロスパロスでは主にトウモロコシを作り、食事は毎日かちんかちんのトウモロコシを挽いてゆでたものを食べているようです。私は一度もごちそうになったことがありませんが、初めて食べるとお腹をこわすそうです。何とかこのトウモロコシをどこかに売れないか考えたのですが、なかなか難しいようです。

融資はしませんでしたが、あと2人希望者がありました。1人＄１０００の金額が高すぎたことが融資しなかった理由です。

○ Agustinha Da Silva

小さなレストランをやりたいので＄１０００融資を頼まれました（写真24：左から3人目）。

○ Abelina Ximenes

Kiosk にやはり$1000融資を頼まれました（写真24：右から2人目）。

✧ラガ孤児院の卒業生のための佐藤悦子さんのクレジット

バウカウから少しロスパロス寄りに、ラガという所がありま す。ここにサレジアンシスターズの孤児院（写真25）があり、1999年のミリシアの騒乱で孤児になった60人の子どもたちを何とか世話をしてほしいという申し出がありました。仙台の佐藤悦子さんという方を中心にこの子たちが全員中学を卒業するまでの生活費と学費を支援することとし、私も何度かこの孤児院を訪問して佐藤さんたちの本の読み聞かせ、小さなプレゼントの配布などに協力しました。60人の子どもたちは2010年に全員中学を卒業し、それぞれ旅立っていき、佐藤さんは責任を果たしてほっとなさったようです。

その佐藤さんからマツバファンドに寄付の申し出がありまし

26

25

た。このお金はやはり佐藤さんの関わったラガ孤児院の孤児たちの自立のために使うべきだと思い、現在の孤児院の責任者シスターエヴァンジェリーナにお願いしました。なつかしいラガの孤児院は年末年始のお休みで留守番のシスターだけしかおらず、シスターエヴァンジェリーナとはバウカウの道端で示し合わせて待ち合わせ、路上で受け渡しをしました。写真26の左から2人目がシスターエヴァンジェリーナです。

バウカウ（東ティモール第二の都市でロスパロスと首都ディリの中間に位置する）

✧バウカウの融資先

○Irenia De Jesus　1988年6月30日生まれ

子ども3人（7〜5歳）+妊娠中（写真27）夫は運転手

パンやケーキ：＄500融資

これまでバクソー（水牛の肉団子の入ったインドネシアのスープメン）の肉団子をゆでて売っていたのですが、オーブンを買ってパンやケーキも売りたいとのことでした。

27

そのほか男性で、病気が続き足が悪くて働けず、奥さんが病院で掃除婦をしている人が融資を申し込んできました。足が悪くてもできる仕事がしたいとのこと。お米を首都から買ってきてバウカウで売る仕事をしたいと言っていましたが、「足が悪いのにそんなことはできないでしょう」と言ったら、もう少し考えると言っていました。

サメ　インドネシアに近い西の中心地

✧サメのジョアキムのグループ

サメでは二つのグループに融資してきましたが、訪れたのが1月1日だったので、グループの人たちに会うことができませんでした。サメのジョアキムはとても有能なビジネスマンで、最初4人の女性たちと組んで野菜の行商をしていました。私の融資したお金をきちんと返すので（きちんと返す人は当時サメには彼しかいませんでした）、融資を続け、コーヒーの精製のための装置を作りたいと言うので、多めの融資もして

28

やりました。サメのマネージャーを彼に任せたところ、たちどころに回収率がよくなりました。彼はビジネスがとても上手で、小さな店を持ち、その後店も大きくし、トラックも買い、政府の発電所の工事の請負までこなすようになりました（もっとも前にも書いたようにこの政府の工事はまだお金を半分しか払ってもらっていないようですが）。

彼は離婚したので母親に娘たちの面倒を見てもらっており、そこにはいつも彼の甥や姪がたくさんいて、食事も一緒、遊びも一緒でとても楽しそうです（写真28）。日本にはこんな家族はいないなとうらやましく思いました。

首都ディリ

✧ディリのアントニー〈75歳〉

私の泊まるホテルに、いつも洗濯をしてくれるアントニーという女性（最初男か女かよく分かりませんでした）がいました。ホテルの洗濯の仕事もだんだん減ってきて、自分でお店を持ちたいといい、数年前に融資しました（写真29）。お金を全部返してくれたのですが、Kioskの品物を仕入れたいのでまた融資してくれとのこと。これまできちんと払ってくれていたので、融資することにしました。どうやら私の融資は銀行預金のような意味もあるようです。自分で貯めれば10％もの利子を取る私の融資など必要ないでしょうに、また私から融資を受けるのは、きっと銀行に預金しないので家の中に現金をため込むのが怖いのではないかと思うこともあります。字の書けないアントニー（契約書も私が彼女の親指に口紅を塗って拇印を押してもらいます）は銀行に行くのがどうしても気おくれがするのと、年金や給料を受け取る長い長い列に何時間も並ぶのが嫌なのでしょう。今度銀行の使い方を教えてあげようかと思っています。

29

✧カルロスの紹介　また騙されました！

○Ameria Dos Pores　37歳　子ども6人（17～9歳）

魚の卸：＄５００融資

ディリのマネージャーにカルロスという人（写真30の真ん中）がいます。お金を貸しても返さない、交通事故は起こす、と始終トラブルばかりなのですが、どうしてだか憎めない！　この前＄１００返してくれて、その後「マラリアにかかった。薬代＄１２０が無

マツバファンドの具体的融資の記録

い」と言われ、マラリアで死なれては困ると思い結局$120渡してしまいました。「私は何をやっているんだろう？」と思ってしまいます（もっとも東ティモールのマラリアは、ちょっと重い風邪くらいで大したことはないのですが……。薬もそんなに高いわけがない）。

その彼が「自分の妹（ティモールでは実の兄弟ではなくてもちょっと関係があれば兄妹だというケースがあり、多分そのケース）は8人子どもがいて、夫は職が無く今はインドネシア人に雇われて夕方イカンバカール（焼き魚）を海辺で売っているが、独立したいと言っている。融資してやってくれ」と言って来ました。それがアメリアです。やたら貧しさを強調するので$500融資しました。でも後でわかったのですが、8人の子どものうち2人は亡くなっており、実際育てているのは6人でした。その上彼女の主な仕事は、イカンバカールを海辺で売っているのではなく魚の卸でした。夫も仕事が無いのではなく、この卸の仕事を手伝っていました。「300人くらいのグループに魚を売ってやり、彼らが道端で売ったり、行商をしたり、レストランを開いたりするのを助けてやっているんだ」と言っています。海に囲まれており、魚は豊富に取れるので、もっと魚を食べなくてはと思っていましたが、冷蔵庫が無くあまり魚は普及していません。こうした魚の卸は必要だと思いました。彼女は大きな冷凍庫を二つ持っており、大量の魚を保存できます。貧しい貧しいと騙されたけれど、これは重要な仕事だと思い、融資してよかったと思っています。でも貧しいわけではありません。東ティモールでは住んでいる所では貧しいかどうか分かりません。一番違いが出るのは教育費と食べ物です。彼女の家にはお菓子が置いてありました。お菓子があるというのは、結構豊かな生活をしている証拠です。それにスーパーマーケットならともかく、こんな大きな冷凍庫（写真32）を見たのは東ティモールに来て初めてです。大きな赤い魚（写真34）は高級レストランに卸すようです。数人の人たちが魚を買うため並んでいました。

その他

今回はご寄付いただいた＄３５００で六つの融資をしてきました。その他にサメのマーケットでの野菜売りと古着屋さんに各＄５００融資しました。これはサメのマネージャージョアキムのグループです。ジョアキムは確実に資金を回収してくれるので安心して任せられるマツバファンドの大事な収入源です。

寄付していただいたお金の方は、出来るだけ貧しい人たちが自立できるように、多少不安が残る人たちに融資しました。初めて事業を始める人たちは、失敗も多いのです。貧しければ貧しいほど資金回収は難しくなります。でもお金を返してくれなくても、その人たちが仕事を続け、それで生活を支えていくことができれば、たとえお金は返ってこなくても皆様のお金は意味を持ったと言えます。でもそれすらできず、仕事すらやめてしまっているケースもあります（仕事で儲けたお金を大事にとっておいて、また新しい仕事に備えている可能性もあります）。でも彼らは渡したお金を受け取った時は希望を持ち、子どもたちに栄養価のあるおいしいものを食べさせてやることができたに違いありません。それだけでも意味のあるお金だと私は思います。教会のシスターたちがするのと同じことをしたのですから……。ティモールの貧しい人たちはブランドバッグを買ったり、高級ホテルで高い料理を食べたりすることは決してありません。

✧新聞記事にしてもらいました

現地の最大発行部数を誇るティモールポストで記事にしてもらいました。テトン語（私はテトン語がわかりません。でも独立までインドネシアだったため、インドネシア語は80％の人が話せるので、私はつたないインドネシア語を使っています。東ティモールには30以上の言語があり一応テトン語が共通語ですが、テトン語が話せない人もいます）なので私も何が書いてあるかわからないのですが、マツバファンドのスタッフMijaに訳してもらいました。写真36が記事です。ずっと以前にココナツオイルのことで記事にしてもらった時（写真37）は写真入りでしたが……。

一人の日本人がマツバファンドというマイクロクレジットを通じて貧しい人たちを援助している。

マツバファンドのディレクター松葉（高橋）由美子は次のように語った。彼女の夫はインドネシアからの独立を戦った時代、抵抗運動を支援した。東ティモールの独立後、彼女もマイクロクレジットを通じてこの国の経済的独立を支援しようとした。

「私は2003年以来この活動をしています。当時私は自身のお金で自立を必要としている人たちに経済的自立のための支援をしたのです。」と6月23日彼女はベボラのTimor Postの事務所で語った。

2003年以来180のグループが彼女のお金を

36

Ekonomia

Timor Post

Matsuba Fund Promote Fornese Kréditu ba Ema Ki'ak

ITB Apoiu ME Hari'i Siénsia Teknolojia

37

Distritu

Matsuba Fund Sei Fo Kreditu Ba Grupu Koperat

TD Baucau Julga Arguido Na

借り、小さなビジネスを始めて家族の生活を支えることができた。1グループあたり＄100の融資をし、利子は年間＄10だけである（間違いです。融資額は＄500～1000で利子は年間10％です。あちらの新聞はしばしば間違った記事を書きます。この前記事にしてもらった時もそうでした）。「2003年からこれまで私は融資金の他飛行機代ホテル代を含めて20万ドルくらいのお金を使いました。でもお金の回収はそれほど良いとは言えません。それでもその人たちのことを怒っていません。支援することがうれしいからです。」

今回彼女は日本の一般の人たちからの友情の支援金＄3400を持ってきた。これからファンドを管理してくれるしっかりした人を探している。「私はかなり年を取り、90歳近い母の面倒もいずれ見なければならなくなります。誰かこのファンドを管理してくれる人が必要です。」

ご報告

昨年暮れから年明けまで2週間、東ティモールに行って来ました。以下ご報告です。

Justinoさん（写真38の一番左）が亡くなりました。私のファンドの一番最初のマネージャーさんで、しかも一番中心になってくださっていた方です。学校の先生をしており、皆さんから信頼されていた方で、マツバファンドにとって本当に大きな痛手です。6月にはお元気だったのですが、その時にはもうご自分が長くないということはご存知だったそうです。でも家族以外には誰にも知らせず、11月に亡くなられました。肺がんだったそうです。9人のお子さんに恵まれ、その子どもたちが全員集まって（2人イギリスから帰って来ていました）自分たちでお墓を作っていました（写真39）。マツバファンドのスタッフが花の十字架を作って（スタッフのMijaはアクセサリーや花飾り、カードなどを作るビジネスをしています）弔意を示しました。マツバファンドの柱だった人なので、がっくりしています。

38

39

✧コムの9人のグループ：タイシ

コムはロスパロスから1時間ほど車で行ったところで美しい海岸（写真41）があり、外国人が多く訪れるところです。だからお土産用のタイシが売れます（写真40）。コムで売るだけではなく、マーケットを広げようと融資を申し込んできたのがRobelaのグループです。首都に持って行き、最近しばしば開かれるEXPO（商品展示会のようなものらしい）に参加したり、産業支援のNGOに売り込んだりするプロモーションに資金が必要だとのこと。その他は$100ずつメンバーで分けて材料費に使ったそうです。「材料費$100もかからないでしょう」と言ったら、伝統的な糸の染めが秘伝で難しく、とても高いんだと言っていました。メンバーの一人の家をたずねました（写真42、写真43、写真44）。キッチン兼食堂兼タイシ織りの作業場で、こんな煙もうもうの所では布が汚れてしまうのではないかと心配になります。ロベラのプロモーションですが、アウローラファウンデーションというシャナナ首相夫人のカースティーさん（オーストラリア人）のやっているファウンデーションがあり、そこからコム伝統のタイシ（写真45）男性用と女性用を2枚注文を取ったそうです。一枚$500なので合計$1000です。

43
40
44
41
45
42

✧6月に融資した2番目、3番目、4番目のグループ

ロスパロスでは、ジュスティーノさんが亡くなった為、これまでのファンドのメンバーに会うのが忙しく、2番目と4番目の融資先LinaとErsiliaにしか会えませんでした。でもほかの人たちもきちんと返済してくれており、一応ビジネスはうまくいっているのだと思います。

写真46はスタッフのMijaが返済計画に従って返済されているかチェックしているところです。ロスパロスのグループは全員きちんと返済してくれていました。あと1年8カ月で返済を終えます。

46

○2番目のLina De Jesus：パンやケーキ

元ポルトガルの植民地だった東ティモールの朝ごはんはインドネシアと違ってパンです。朝市場や学校でパンや揚げパンを売っています。Linaはオーブンや揚げパンの道具を買って、この仕事を再び始めました。写真47は彼女の家、写真48は彼女と子どもたち、写真49はこれから売りに行く揚げパンの一部です。子どもたちまで使って手分けして市場や学校

で売ります。

写真50はLinaの子どもたちではないのですが、朝、揚げパンや揚げバナナを売っているところです。朝ごはんはこんなふうにみんなてんでに食べる様子をよく見ます。

○3番目のAssunsao Cristovao：タイシ

彼女は私が行った時、丁度首都に売りに行っており留守でした。彼女の家と作業場のみ撮ってきました（写真51、写真52）。

47

48

49

50

○4番目のErsilia Dos Santos（写真53）：市場での野菜売り

ここはロスパロスから少し離れている所なので、ちょっと離れた町で開かれる週二回の市場で野菜を売っています。その他に彼女はココナツを売っています（写真54）。この地方はココナツが取れますが、プランテーションでびっしりヤシの木が植わっているわけではなく、それぞれの家にちらほら植わっています。そこで落ちてきたココナツを数十セントで買い取り、自宅

51

52

53

54

前に集め首都のディリから買い取りに来る業者にまとめて売るそうです。このココナツはディリの市場ではその場でミキサーのようなもので細かくして売っています。食用油にする火を通したココナツは新しいものでないと、においがきつくおいしくありません。だから本当においしいココナツオイルを食べようと思ったら市場で細かくしてもらってその日のうちに料理に使うのが一番です（バージンココナツオイルは違います。バージンココナツオイルは火を通しておらず、長持ちします。高価なので現地の人は食べずに薬や化粧品として使っています）。

バウカウ

○6月に融資したIrenia De Jesus（写真55）：パンやケーキ

6月にお腹が大きかった彼女は今は4人の子持ちになっていました。女の子が生まれていました。乳飲み子を抱えているため、彼女は外に売りに出ることができません。でもバウカウは東ティモールで2番目に大きな都市なので、人口が多く、近くのKioskから注文を取ってケーキ（写真56）を焼き、取りに来てもらっていました。新しい冷蔵庫（写真55）を買い、バクソーの材料の保存だけでなく、青い豆（多分そら豆のようなものでしょう）

とミルクを使ってアイスを作り、子どもたちにたくさん売れたそうです。とてもうまくいっているようでした。

6月に訪問した時、バウカウに足を悪くした男性がおり、とても貧しいので融資してやってほしいと言う申し出がありました。

○Julio Hermergildo Freitas（写真57・写真58が彼の家です）子ども2人（4～2歳）

この人は男性で、病気が続き足が悪くて働けず、奥さんが病院で掃除婦をしているそうです。足が悪くてもできる仕事がしたいとのこと。お米を首都から買ってきてバウカウで売る仕事をしたいと言っていましたが、「足が悪いのにそんなことはできないでしょう」と言ったら、もう少し考えると言っていました。

今回彼の家に行った時、乳飲み子を抱えた女性（写真

55

56

59）を見たのでこの人が奥さんかなと思いました。でも違いました。東ティモールでは結婚すると時々奥さんの家族がみんなぞろぞろついて来るケースがあります。彼の奥さんは写真60の真ん中の人でした。奥さんのお母さん（その左）、奥さんのお姉さんと子どもたちが一緒に住み始めたそうです。

彼にこの前約束した融資をしてもいいが、お米の仕事は無理じゃないかと言ったところ、計画を話してくれました。首都から大量に運ばれてくる米をトラックから直接買い取ることができるとのこと。米の販売場所はもう確保してあり、

59

57

60

58

手伝ってくれる人もおり、1サック1ドルくらいの利益が上がる予定だそうです。一応計画が具体的なので、約束通り融資することにしました。

東ティモールは米を輸入しています。米こそ日本の以前の食糧管理制度のように農家から高く買い、消費者に安く売るべきだと思うのですが、国内生産だけでは需要を満たすことができないようで、国民の主食は確保しなければならないという理由からか、高値で輸入して安値でマーケットに流しています。もともとはティモール人はそれほど米を食べなかったのではないかと思うのですが、インドネシアに占領されてから他地域から移住してきたインドネシア人が田圃を開墾したのではないかと思います。独立で所有者がいなくなった田圃は耕作されないまま残されたのではないのでしょうか。GTZなどのドイツのNGOが農業指導を一生懸命に行い、米の三期作もやっていたのですが、現在はほとんど米が植わっていません。農民に言わせると「ティモール人はティモールの米を買わない」そうです。米の中に石などの混ざりものがあり、調理する前にそういったものを取り除く手間がかかること、量が十分無いことなどが理由として挙げられますが、とにかく米については汚職がついて回っているようです。私は少しでも自立した経済のためには「米を食べるのをやめて芋やトウモロコシを食べるように」と思うのですが、ココナツオイルと同じように理屈ではダメなようです。

✧バウカウ　その後

○Irenia

去年妊娠中だった４人目の子どもがこんなに大きくなりました（写真61）。もちろんすべて返済してくれています。

○Julio

お米のビジネスを始めたJulio、ちょっと心配したのですが、以前にもこの仕事をやった経験があるらしく、市場と自宅と自分の故郷の村の３カ所で売っているとのことです。自宅しか見れなかったのですが、看

61

63

62

64

板によると25kgを$15・5で売っているようです。まだ返済時期に来ていませんが、マネージャーさんには順調にお金を払っているとのことです（写真62〜写真64）。

ディリ

○カルロス紹介のアメリア（6月に融資したAmeria Dos Pores）

彼女はさっそくホテルに私を訪ねてきて、資金の一部（$100）を返済してくれました。ビジネスは最初からうまくいっているようで、こういう融資先は一番のマッバファンドの収入源です。全部返済したらもっと融資してほしいと言われ、「考えてみる」と言っておきました。収入源としてだけではなく、魚の卸はこの国にとって大事な仕事だと思います。海に囲まれているにもかかわらず、あまり魚を食べません。各家庭に冷蔵庫を買うお金が無いのと、冷蔵車が無く、輸送できないためだろうと思います。何とか冷凍冷蔵車を走らせて、山間部まで魚が運べないかと思案中です。トラックを持っているサメ（内陸の町）のジョアキムにも相談しましたが、やはり冷蔵設備が問題だと言っていました。でもアメリアの電話番号をメモしてコンタクトを取ると言っていました。こうした物流の問題は今後の課題です。東ティモールには宅配便はもちろん、郵便制度もありません。もっとも文字の読み書きがあまり得意でないので、手紙は必要なくものすごい勢いで携帯が普及しました。物流については現在みんなバスや乗り合いトラックを使っています。バスで13頭の豚（子豚ですが）を運んだという話を聞きました。最近はマツバファンドも豊かになってきたので、バスを使わず車をレンタルしますが、以前は私もバスを使っていました。もちろんバスでロスパロスに行く時は床はコメの袋でいっぱいで、屋根も自転車や冷蔵庫、キャサバの袋など山積みです。宅配便のようなビジネスがあれば、生活物資がもっと豊かに流通するのにと思います。それには大きな資本が必要でしょう。

○アメリア　その後

この前もっと融資してほしいと言ってきたので、その後＄１０００融資しました。以前海岸端で売っていたのですが、今回彼女はマンレウ（名前はちょっと確かではありません）という市場に大きな店を開きました。

写真65は大量の干物です。冷蔵庫がないので魚は干物にしますが、日本のような甘塩の柔らかいおいしい干物ではなく、ものすごく塩っ辛いかちんかちんの干物です。野菜などと一緒に炒めるようです（あまりおいしくない）。

65

66

67

写真66は新しいお店の新しい冷凍庫。写真67は彼女の新しい店のある市場です。

この魚を山奥まで運んで売れないかとずっと思っているのですが、サメは車で6時間かかるのでちょっと無理。でも途中のアイレウというところまでなら2時間くらいで行くので、たくさん氷を入れた冷蔵ボックスなら運べるかなと考えました。アイレウに買ってくれるところがあれば、ジョアキムがトラックで運んでビジネスになるかもしれません。この次検討してみます。

悦子ファンド

佐藤悦子さんのファンドについて、孤児院の院長シスターエヴァンジェリーナが２人の融資先を見つけてくれていました。

○ Emilia Belo

未亡人。ラガ孤児院の出身ではないが子どもたち何人かがラガ孤児院にいる。子ども６人。ミシンを買って洋服づくりのビジネスを始める（私の知っている限り、洋服はインドネシアから安い古着が輸入されているが、学校の制服は新しく作るので、時期になると制服の注文が多い）。

写真68はEmiliaとエヴァンジェリーナ、写真69はEmiliaのお店の中です。＄１５００融資してもう＄６００返してくれたとのこと。

68

69

○ Carmelinda Gama

ラガ孤児院出身。夫はいるが無職、子ども2人、kiosk。

写真70はCarmelindaとお店の中、写真71はお店の外側です。彼女も＄500融資して＄200返してくれたとのこと。

シスターエヴァンジェリーナからの報告を添付（次ページ、原文ママ）します。とてもうまくいっているようです。

この融資は佐藤悦子さんというラガ孤児院との深いつながりのあった方からのものなので、ラガ孤児院にゆかりの人たち限定でシスターにすべてお任せし、利子は取りません。

今度佐藤悦子さんの写真を持って行ってEmiliaやCarmelindaに見せようと思います。

70　71

REPORT FORM FOR MATSUBA FUND MICRO CREDIT IN ESTA TIMOR

Sr. Evangelina Xavier, Superior of Orphanage Beata Laura Vicuna Laga, received amount of money from MS: YUMIKO MATSUBA (Takahashi) USD $ 2000,00 to help and support the poor family of our orphanage parents through Micro Credit fund.

The amount of money received on the date of 30 december 2014 from Ms Yumiko Matsuba.

Sr. Evangelina as coordinator for this Micro Credit in Laga Orphanage :

Ther are two members as following:

1. Ms Emilia Belo; she is poor family and widow her husband died las year, her daughter stay in Laga Orphanange, she has 6 children. Her job before was selling the small snacks in the school where she found the income everyday $ 12 USD, but is not enough to support and sustain her children. So she was very happy to be part of the Matsuba fund Micro Credit.

   Her bisness is Tailoring she likes to sew the dress and she is happy to have the sewing mesin, it would help her to repair the economic life of the family. Now her income almost $ 20 USD everyday beside sewing she continue to sell the small snack in her kios.

   Now Ms. Emilia alredy Credit $600 USD begin from January to June 2015. According to Ms. Emilia she is happy and would like to Thank the Matsuba Micro credit fund for the support that given to her family. Thank you very much.

2. Ms. Carmelinda Gama, she has husband and two children, but she also poor family. She is happy tobe part of the Fund. Her businesss is selling the small snacks and other material for eating and dressing. She used amount of money $ 500 USD for her kios. Many consumer came to her kios so she is happy also to sell the material. Now she kredit already $ 200 USD from february – june. She express her self happy to be part of Micro Credit from Matsuba fund.

Thank you very much for your generous and kind donations.

サメ

サメの二つのグループに1月に$1000ずつ融資しました。

そのうちの一つのグループのリーダー、Juliana Da Costaです（写真72）。5人のグループでみんなkioskをやっているそうですが、山奥なのでちょっと訪ねるのが困難でした。

ディリ

○Aquelina Tilman Pereira：21歳　学生

学費を払うため自宅の一部をkioskにしたが、仕入れ資金がなかったためこれまで他人の商品を売り、コミッションをもらっていた。独立してkioskを経営したいと、

72

73

融資を申し込んできました。両親は仕事が無く、7人の妹弟がおり、19歳の妹は洗濯などの仕事をしています。＄500融資しました。

○Judith Fuculto de Jesusu Silva

レストラン（写真75）を経営していますが、大型冷蔵庫（写真76）を買いたいとのこと。子ども1人です。＄500融資しました。

74

75

76

✧たくさんの事業変更、本当に目指していたことは？　でも追いかけるうちに人間関係は深くなる！

ラガ孤児院の60人の孤児たちを支援した「ラガの花たち里親会」は卒業生の中から何人かに高校・大学への奨学金も出しました。孤児のゼニーニャは高校までの奨学金を得て、サレジア会の裁縫学校に行きました。その後大学には行かないと言うので、それでは裁縫学校の何人かの生徒たちで裁縫のお店を開かないかと提案し、そのグループに＄１０００融資しました。ところがふたを開けてみたら、ゼニーニャは突然結婚し、他の４人はどこかに消えてしまい、＄１０００はすべてゼニーニャの手元に残ったのです。しかも裁縫店の話は無くなり、タクシー運転手の夫が首都で仕事をしている間、ゼニーニャはロスパロスのソウロというとても辺鄙なところで鶏を飼い小さなkioskを経営していました。そのうちそこからも姿を消してしまったのです。でもディリに住むソウロ出身の人を頼ってやっと見つけ出すことができました。その後も彼女たちは数回住所を変え、電話番号も変えましたが、そのたびに何とか見つけ出しました。その後ディリのまあまあ良い場所にkioskを持ちたいので追加融資をしてほしいと言われ、＄５００融資しました（ゼニーニャから相談を持ちかけられていたシスターの話によると、これは最初からの計画だったようです）。その後夫はバスの運転手をし、彼女はお店を経営し結構うまくいっているようでした。何回か利子も返してくれました。そして又突然姿を消したのです。ソウロに帰ったという話で今回彼女に会いに行って来ました。

なんと彼女の夫はこれからイギリスに行くというのです。ティモールはポルトガルの植民地だったため、ポルトガルのパスポートを持つことが可能でした。ポルトガルはＥＵに入っているのでこのパスポートを使ってイギリスで働くことができます。現に亡くなったジュスティーノさんの９人の息子の２人も、イギリスで寿司職人と皿洗いとして働いています。

ゼニーニャの夫ジュリオの計画は弟に飛行機の切符などの大金を工面し、先にイギリスに送り込んで、弟がそこで働いて、兄の分の旅費を工面するものです。ゼニーニャとジュリオはこの計画のため、ディリの自分の店などすべてを売り払い、弟の旅費を工面しました。弟からジュリオの旅費分のお金も送ってきており、私に飛行機の切符とパスポートを見せてくれました。

なんだか私のやってきたことは思っていたこととどんどん異なる方向に向かっているような気がします。貧しい人が自立するための小さなビジネスを始める援助をすること、それを通じて東ティモールの経済的自立を目指すこと。でもお金に目覚めるとよりお金のもうかる方に向かってしまいます。それが本当に人々の幸せにつながるのかという疑問もわいてきます。家族が生活を維持できるようにと思ったのに、お金のために家族がバラバラになってしまいます。

写真77はディリでお店をしていたころのゼニーニャ(お店の横でまだ子どもが小さい)。

写真78はゼニーニャと夫のジュリオ、娘のエスメニア、息子のガンダ。

78

77

マツバファンドの今後について

5月20日の独立記念日に大統領から表彰していただきました。

私は現在の大統領タウル（２０１５年当時）とは個人的に親しいので、以前から「マツバファンド」を引き受けていただけないかお願いしていたのですが、この表彰がそのお返事だと思います。つまり「ノー」です。

表彰式の時に会ったオーストラリア人から前の大統領ラモス＝ホルタがワールドバンクからお金をもらってやはりマイクロクレジットを始めたのですが、あっという間に消えてしまったという話を聞きました。

80

79

Ordem de Timor-Leste
Medalha
É atribuída à Senhora, Yumiko Matsuba
Pelo seu contributo em benefício do País, dos Timorenses e da Humanidade.
Taur Matan Ruak
Presidente da República

何とか私のファンドを残すため、誰かビッグな人に代表になってもらいたいと思っていたのですが、とんでもない考え違いだったのでしょう。私のファンドがこれまで細々と活動できたのは、誰も知らない個人が自分のお金で遠い田舎の隅々まで会いに出向いて行っていたから何とかやって来られたのでした。大物政治家が大きな援助団体から巨額のお金をもらって貧しい人たちのために始めたマイクロクレジットはビジネスへの融資ではなく、「貧しい自分たちへの寄付」と思うのでしょう。

そういえば２００６年の騒乱の時、「Peace Again in Timor Leste」の名の下に、夫を殺された20人の未亡人に一人＄５００の無利息のクレジットをサレジアンシスターズを通して出したのですが、返済は一つもありませんでした。

もしマツバファンドが存続し続けることができないなら、何ができるか考えてみました。そして微力な私にできる唯一のことは、多分これまでやってきたことの検証なのではないかと思い始めています。私のファンドのどこが間違っており、どんな特徴があり、どこが何とか評価できるかということを他のマイクロクレジットと比較してみようかと思います。そこで、他のマイクロクレジットはどんな形でどんな働きをしているのか調べてみることにしました。それが最初の章で記述したものです。

２０１６年12月24日から1月10日まで、今度は18日間もの長期にわたり、東ティモールに行ってきました。でも車のレンタル料が値上がりし、それほどちゃんとした活動ができませんでした。以下ご報告です。

ロスパロス

ジュスティーノさんが亡くなられた後、奥さんのエルメリンダさんが後を引き継ぎ、マネージャーをやってくださっています。９月に返済された＄１０００を裁縫ビジネスを始めたいと言う他の５人のグループに融資していいかという連絡が来て、ＯＫしました。

1　Julieta Fernandes, Lina Simenes, Juanina da Costa, Alsina Fernandes, Julieta Gonxalves, Maria da Costa：裁縫ビジネス

今回行った時、モーリスラシックの驚異的な高利から逃げてきた6人の女性たちが融資を申し込んできました。これについては最初の章で書きました。

この人たちにそれぞれ＄５００ずつ、合計＄３０００融資しました。以下内訳です。

２　Lucia Da Costa, Olandino C. Napoleon：野菜売りをしながらタイシも織るそうです。

３　Alcina Pinto Araujo：小さなお店をやりながら豚も飼うそうです。

４　Maria Imanuel：サテという肉を串焼きにしたものを商うそうです。

５　Joaquim X Pinto：ピーナツやキャサバ、野菜など農産物を商うそうです。

６　Pasquela da Costa：kioskを開店するそうです。

７　Feliceida de R. da Silva：kioskをやりながらタイシも織るそうです。

81

ロスパロスにはもう一人ジョアンジヌーというマネージャーさんがいます。彼は国立病院の看護師さんで、専門は眼科です。だからいつも１００円ショップで眼鏡を買ってくるよう頼まれます。この前行った時、痛風で痛む足をさすりながらこの世の終わりのように

絶望的な様子で、「妻が親戚の怪しげな儲け話に乗って、お金をすっかり無くしてしまった。だからつい殴ってしまい、そのおかげで妻は実家に帰ってしまって子どもにも会わせてくれない」と話していました。あまりに痛ましかったので、この前お土産にちょっとしたお菓子を持って訪ねてみました。そうしたら子どもの笑い声がするのです。奥さんが帰ってきていました。本当に良かったです。私は奥さんと抱き合って喜びあいました。写真82が一家の写真です。

「この前ご主人は絶望していたんだよ」と言うと、「ブロークンハートだったんでしょう！」といたずらっぽく言って笑っていました。とにかく元のさやに収まってよかったです。

82

バウカウ

イレニアのところでバクソー（現地の水牛のミートボール入りスープメン：写真83）を食べてきました。こんなにたくさん入って＄1です。仕事は順調のようでした。

83

84

85

ジュリオはクリスマスに掛売をし、まだお金が入ってきていなかったので、期日がちょっと遅れましたが、でも後できちんと払ってくれました。写真84がジュリオと家族の写真です。

教会の近くにお店（写真85）を開いているジョン・ヒメネスの店にも寄ってきました。クリスマスに向けて学生たちが歌の練習をするので、そのあとたくさん買いに来ているようでした。

サメ

サメのジョアキムはトラックを持っているので、私は常々ディリでとれた魚を冷凍のままサメまでとは言わないけれど、その途中のアイレウまで運んで、山に住んでいる人たちにティモールの海のたんぱく質を食べさせることができないか考えていました。今回ジョアキムの店に行くと、ちゃんと冷凍の魚（アジ）を売っているではありませんか。1匹50セントで5匹パックになっています。「もしかしてアメリアのところで仕入れたの？」と聞いたところ、そうではなくて中国からの輸入物だとのことでした。氷の四角い塊のままサメまで持ち帰ったようです。ちょっとがっかりですが、でもそのあと彼から良い提案がありました。

サメで豚、鶏、川魚の生産をしたいというのです。三つのグループにそれぞれ＄1000融資してこの事業をし、彼が総指揮を執るとのこと。多分彼が一番儲けると思いますが、でも彼の指導があれば絶対失敗しません。今度行った時どうなっているか楽しみです。とにかくすべて輸入に頼っているこの国を、少しでも自立させなければなりません。ジョアキムは国の電気工事を請け負って大きな事業をしたのですが、国から全く支払いがなく、がっくり来ていたようですが、やっと新しい目標を見つけたのだと思います。「もう土地の目処もついており、2年で返す」と言っていました。彼がそう言うのならきっと実現します。

ご報告1　何とかマッバファンドを永続的に残せないものか？

（来年以降、体力的にも経済的にも限界に来てしまいました）

これが私のずっと抱えている課題です。これまで何とか継続してこられたのは、この13年間東ティモールを訪問するたびに、融資金額を積み重ね、返済が滞っている人たちの家をつぶさに訪問して、マッバファンドの融資資金は決して税金やUSエイドなどのお金持ちのファンドからでなく、私個人の懐から出たお金で、最近は日本の友人たちからの心のこもった寄付もいただいているのだということを、メンバーさんに分かっていただき、少しずつ返済をしてもらえたからだと思います。

マイクロクレジットは返済率が悪いのではないか、という話をよく聞きます。そう、返済率は悪いのです。でもそれはティモール人がお金を返済するという気持ちがないからではありません。現に私が個人的に貸した人たち（マイクロクレジットではなく）はほぼ全員返済してくれました。もちろん何年もかかってです。一時はもう返してくれないんだわと絶望したこともありました。でも十数年かかって返済してくれました。また最近突然「返済したいから返済計画の表をほしい」と言ってきた人もいます。この人たちは貧しい人たちではなかったのですが、あちらでいろいろお世話になり、頼まれたために仕方なく個人的にお貸ししました。余裕ができたので返済してくれたのです。

東ティモールでは、昔から、親戚などからお金を借りると、期限を切ってではなく、余裕ができたら返済するという形の融資が行われていたのだと思います。期限が問題ではなく、返済できるかどうかの理由の方があちらでは重要視されるのです。豊かな人たちは親戚の貧しい人たちを援助する義務があります。親戚の誰かが亡くなって子どもたちが孤児になれば、必ず誰かが引き取ります。現にマツバファンドの返済が滞った時、何人もの比較的豊かな親戚の人が肩代わりしてくれました。みんな余裕ができたら必ず返済してくれるのです。でも貧しい人たちはなかなかその余裕ができません。

外から見れば携帯は持っているし、Facebookに入っていたりして、結構ちゃんとやっているように見えても、基本の生活はかなり厳しく、その日暮らしの感がある場合が多いのです。食事の貧しさについては前に書きました。ほんの小さなピーナツ一袋（写真86）、スナック一袋が大の男の昼食になることがしばしばです。食事抜きのこともよくあります。

子どもたちの食事は貧しい家庭では本当に貧しい。成長できずに小さいままです（写真87を見てください。私は日本人の中ではちびですが、Mijaはもっと小さい！）。

家だって田舎にはかろうじて小屋がありますが、ディリでは、どこかを占拠して住んでいる人たちが多いのです。月＄１００～＄３００の賃金でも、ディリのレストランでの食事は一食＄２～３します。この給与で５～６人いる家族を養っていくのは大変です。でも携帯は必需品なのでみんな持っています（２００３

86

87

年に最初にティモールに来た時、電話を持っている人なんてほんの一握りでした。でもあっという間に携帯は広まったのです。郵便制度がなく文字も書ける人が少ないティモールでは、携帯は絶対の必需品になりました)。こんな生活をしているのだから、余裕ができるのはかなり先になります。

私は先進国の支援としてのマイクロクレジットなら、余裕ができるまで待ってあげるべきだと思っています。そうでなければマイクロクレジットを始めた意味がありません。モーリスラシックの失敗は、金融機関から融資を受けたからだと書きました。融資は期限内に返済しなければなりません。待ってあげることができないのです。支援としてのマイクロクレジットの原資はすべて寄付でなければいずれ２００％、３００％の利子を取る高利貸になってしまうのです。

マツバファンドはこれまで融資残高12万7千ドルを超え、理屈の上では、これまでの融資の利子だけで経費を賄い、ファンドそのものは大きくならなくても、スタッフの給与を払い、交通費・通信費を賄えるはずです。

でも本当にそうできるかの自信はありません。私がティモールに来られなくなり、追加融資もままならなくなった時、このファンドは続いていけるのでしょうか。

サメ

はじめに去年の三つの魚と豚と鶏のプロジェクトを見せてもらい、その成果、豚はまだでしたが、魚と鶏の卵の最初の味見を私たちのために準備しておいてくれました。

写真88が魚の養殖場、写真89が豚（いくつかの豚小屋に分かれており、この他に、別の場所にも飼育場があります）、写真90が準備しておいてくれた昼食です。

88

89

90

写真91はそれぞれのプロジェクトの責任者です。魚は癖がなく、とてもおいしく食べられました。中国のアジと比べて高いように思いましたが、国も流石に魚まで輸入することは禁止することにしたようで、これを2ドルくらいで売る予定のようです。以前の中国のアジ、50セントよりかなり高いと思いますが、大きく育て、学校給食に買い取ってもらえば何とかなると言っていました。「動物は病気が怖いから気を付けて」というと、traditionalな薬があるから大丈夫とのことでした。

91

ジョアキムにはディレクターになってもらってもサラリーは払えないので、その代わり彼のやりたいビジネスのための特別融資をすることにしました。これまでコーヒービジネスはやっていたのですが、ジャニコの指導を受けてココナツオイル（輸出用のヴァージンオイルではなく、とりあえず食用のココナツオイルです）もサメで始めたいとのことでしたので、そのための融資をしました。彼はスラバヤまで行って機械を買ってきたいとのことでした。ココナツオイルの工場には最低でも４０００ドルは必要です。返済は急がないけれど利子だけはしっかり払ってねと言っておきました。

サメに出発する前に、ディリで魚のビジネスに融資してきました。東ティモールの海は素晴らしいのですが、この海の資源がまだ活用されていません。ぜひティモールの魚を山奥の人たちも食べるべきだと思っています。

ご報告2　ロスパロス　バウカウ

ロスパロスではみんな順調に返済してくれているみたいでした。エルメリンダさんが自分のkioskのために追加融資を頼んできたので、ＯＫしました。Kioskは品ぞろえのため、お金が要ります。彼女のところはお米も置いており、ディリにいる息子に日用品、調味料、お菓子、ジュース、カップヌードルなどたくさん仕入れてもらっているようでした。お米だけでも結構資金がかかります。

バウカウでは事件が起きていました。

あんなにうまくいっていたイレニア！　クリスマスにはケーキの注文がどっさりで、ものすごく儲かったと言っていたのに……。実は夫が浮気をしたのです。彼女は激怒して子どもを連れて実家に帰ってしまいました。

その実家（写真92）を訪ねたのですが、みんな山の方の田舎に帰ってしまい、誰もいませんでした。イレニアは「離婚だ」と言っているそうですが、何しろカトリックの国、周りが子ども4人（写真93、去年の12月に撮ったもの）もいるのだし、別れるのはやめなさいと説得しているとのこと。

以前は浮気はそんなになかったそうですが、今はFacebookのおかげで浮気が流行っているそうです。Facebookは簡単に恋人が探せます。スタッフのMijaもFacebookでイギリスに出稼ぎに行っている恋人を見つけました。真剣に結婚を考えているようです。

ティモール人はFacebookに入っている人が多い！ Mijaもアクセサリーを売るのにFacebookを使っています。すぐ近くの人に売るのにFacebookを使うんですよ。私の3人の里子（中学卒業から学資を払ってやっていた子）のうち、2人まで

92

93

Facebookでボーイフレンドを見つけました。1人は結局職場の同僚と結婚したのですが、もう1人はエルメラというコーヒーの産地にいるボーイフレンドとまだ続いているようです。

もう1人、Julioにも問題が起きていました。

これまで手伝ってくれていた人たちがいなくなったのだそうです。「だって足が悪いのにお米の仕事は無理でしょうと言ったら、手伝ってくれる人がいるから大丈夫と言っていたじゃないの」と言ったら、「みんな卒業して家に帰ってしまったんだ」と言います。学生がいずれ卒業して家に帰るのは最初から予想できたでしょうに……とがっかりしました。でもティモール人はそういったちょっと先のこともあまり計画だって予定を立てないところがあります。こうしたことは今後しっかり教育しなければならないと思っています。追加融資をしてほしいと言われました。「なにをするの？」と聞いたところ、「奥さんがいろいろなものを物売りする」と言います。結局Kioskになるのでしょうが、

94

Julioと子どもたちと奥さん

Kioskは無計画に作ってもうまくいかないケースがたくさんあります。「追加融資はしてあげるけど、もっといいアイディアを考えなさい」と言ってきました。

ディリ

ディリの大学の敷地内でレストランを開いていたJudith（写真95）ですが、大学生がいっぱいで、とても繁盛していました。

Mijaによると以前はいつも喧嘩ばかりしていた夫婦なのに、今はとても仲が良くなって商売に精を出しているそうです。「こういうのを見ると本当によかったと思う」とMijaが言っていました。ティモール人は学歴を大切にします。でも最近は大学を出ても仕事がありません。親の仕送りで生活している学生たちの生活は貧しく、お昼や夕食は前にも述べたように25セントのピーナツ一袋（写真86）と飲み物というケースが多いそうです。経済発展しているように見えますが、

95

実際の生活は貧しい。いい家に住んでいるように見える人も、たいていはインドネシア時代の公共の建物か、逃げていったインドネシア人の家を占拠しているケースが多いのです。政府も「難民だから」と言われると追い出すにも追い出せません。スタッフのMijaもインドネシア時代の学校の一部を占拠しており、いつ追い出されるかわからないと言っていました。食事の貧しさは子どもたちの栄養に影響しています。炒め野菜とごはんだけで育つ子どもたちは小さい！　肉や魚をふんだんに食べさせられるのはお金持ちだけです。

ご報告3

ラガの悦子ファンド

ミシンを買って洋裁の仕事をしていたエミリアは$1500すべて返済し、現在結構大きな家を建て始めています。その間ミシンの置き場所がないので、仕事はちょっと休んでいるそうです。

カルメリンダも$500すべて返済していました。Kioskは順調のようです。

今回2人に融資したとの報告がありました。以下の2人です。

○Eurosia Fatima Da Silva：$200

刺繍のビジネスです。結婚式やお葬式をとても盛大にする東ティモールでは、結婚する花嫁が手の込んだ刺繍のついたシーツ、ベッドカバー、枕カバー、テーブルクロスなどすべてセットで嫁入り道具に持っていきます。それを作ると$800くらいで売れるそうです。私のスタッフのMijaもこのビジネスに興味があり、インドネシアで勉強して刺繍用のミシンを

96

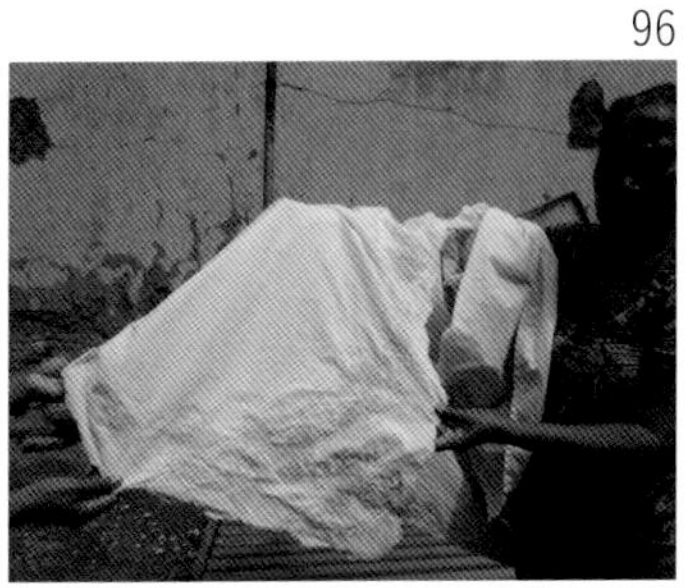

97

98

99

買い、安いマッバファンドの給与を補助するためもうすぐこの仕事を始めます。

写真96はEurosiaと刺繍のテーブルクロス、写真97は刺繍の柄、写真98はSr. EvangelinaとEurosiaのアシスタント、写真99が刺繍のミシンです。

○Cecilia：$200

夫がほかの女のところに行ってしまい、捨てられたため子どもたちを育てるためにkioskを始めました。こんな小さなkioskで大丈夫かしらと思うのだけど……。

写真100がCeciliaとお店です。

100

ご報告4

バウカウ

○ジュリオ

お米のビジネスを中断したジュリオの家から訪ねました。ジュリオの奥さんは病院で掃除婦をしていたのですが、子どもが生まれていました。小さい小さい赤ちゃんです（写真101）。やはり母親の栄養が足りないのではないかと思います。ジュリオが米ビジネスをやめた理由を、「手伝ってくれていた学生が卒業していなくなったから」だと言っていましたが、それだけが理由ではなかったことが分かりました。赤ん坊が生まれるため奥さんが仕事を休み、その間彼が代わりに掃除婦の仕事をしているそうです。奥さんの仕事を失いたくないこと、出産のためお金が必要だったこと、

101

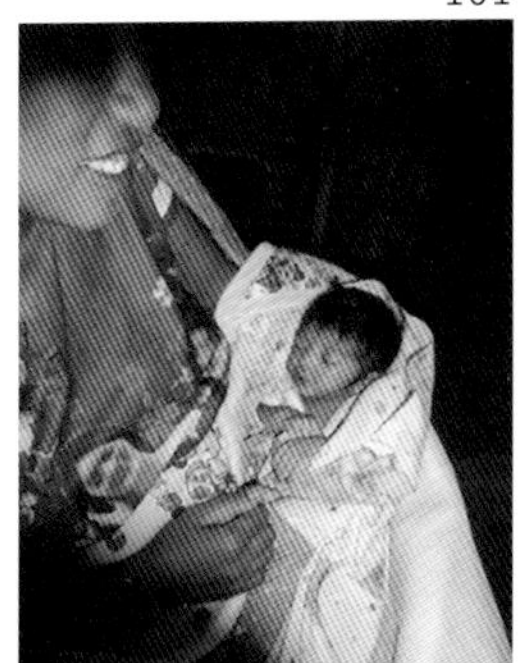

102

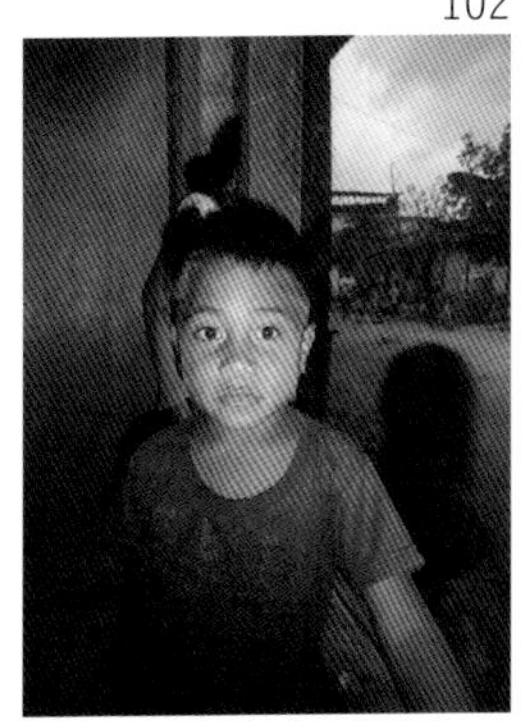

などが米ビジネスをやめた理由だったのかもしれません。ジュリオは奥さんの代わりに病院に行っていたので会えませんでしたが、ジュリオとそっくりの彼の長男（写真１０２）がいました。

○イレニア

うまくいっていたイレニアに事件（ご主人の浮気）が起こり、彼女が家を飛び出していたのは去年の6月でした。実家に帰っていたのですが、今回は連絡が取れ、ジュリオの家まで訪ねてきてくれました（写真１０３）。イギリスに行く決心をしたというのです。パスポート（ポルトガル）とかいろいろ取り揃えて（写真１０４）、いたく感謝されました。「こうしてイギリスに行けるのもマツバファンドのおかげ」というわけです。いっぱいお金を貯めることができ、すべての費用を支払うことができたそうです。マツバファン

103

104

ドにはまだ＄１５０しか返済しておらず、＄３５０融資の返済が残っているのに、イギリス行きの多額の資金はしっかりあったわけです。でもこのイギリス行きは英国がＥＵから抜けること以外に大変問題があることをまだこの時は私は気づきませんでした。子どもたちを姉妹に任せて希望に満ちて出発する様子でした。「離婚したんだ。仕方ないわ」くらいにしか思いませんでした。

○ジョン・ヒメネス

バウカウで教会の近くに店を出しているジョン・ヒメネス（写真１０５の後列左が彼でその隣が奥さん）は人が集まるので繁盛しているようでした（写真１０６が彼のキオスク）。近々裏にレストランをオープンするそうです。場所がいいので多分これも成功するでしょう。

105

106

✧ジュスティーノさんの顔写真のTシャツ

ジュスティーノさんのところでは、彼の顔をTシャツに印刷し、「私はあなた方を抱きしめる」という意味のテトン語が書いてあるTシャツをいただきました。ジュスティーノさんにそっくりの息子さんと一緒に写真を撮りました。彼ももしかしたらほかの2人の息子たちと同じくイギリスに出稼ぎに行くのかしら。

✧懐かしいトウモロコシを粉にする機械

昔の融資金の取り立てに行ったところ、2003年に融資したお金でジョアニーナのグループが買ったトウモロコシ粉砕機がありました。今も立派に働いているそうです。5人のグループに$1000融資し、一年ですべて返済して優等生だったのですが、5人それぞれが独立して、再びグループを作り、別のキオスクのビジネスを始めてから返済が焦げ付くようになりました。でも懐かしくて懐かしくて、今も立派に

107

108

働いてお金を稼いでいるそうで、うれしくなりました。写真１０９にある丸い金具を取り換えればコーヒーを挽くこともできるそうです。写真１１０が昔の粉砕機です。

ラガの悦子ファンド

ラガの孤児院に悦子ファンドについてうかがうため寄りました。新年のお休みで子どもたちやほとんどのシスターたちは留守です。でもシスターエヴァンジェリーナとほかの1人のシスターがいて、焼き立てのピッツァ（写真１１１）をごちそうになりました。写真１１２は左からドライバー、シスターエヴァンジェリーナ、ジョアキム、ミジャ、もう1人のシスターです。

悦子ファンドは夫に捨てられたマルシア・ダ・コスタがキオスクを始めるための資金＄２００を新たに融資しました。

110

109

東ティモールではクリスマスや新年は盛大にお祝いします。ミジャ（写真113）も彼女のお姉さん（写真114）も思いっきりおめかしして、みんなで新年のごちそうを食べました（写真115）。バウカウではいつもミジャのお姉さんの家に泊まり、1泊1人$15（食事付き）払います。これはホテル代より安いので助かります。

でも今回マツバファンドは大被害！　高い車のレンタル料を払っているのに、その間年末と新年のミサ2回もミジャに仕事をさぼられて、大喧嘩です。せっかく車を雇っているのだから、できるだけたくさんのメンバーさんのところに行きたいのに、4時間近いミサのために2回も時間を取らなければなりません。貧乏なマツバファンドには痛手です！　最初からそう言っておいてくれればスケジュールをそのように変えたのに！　もともと新年の休日にバウカウに行こうと提案

112

111

したのは彼女です。どうやらマツバファンドの経費で新年を故郷のバウカウで過ごしたかったらしい。写真113〜写真115は新年の正装をしたミジャとミジャのお姉さん、新年のごちそうです。車という移動手段はティモール人にとってはとても高価です（1日レンタル料$120＋運転手$25＋ガソリン代＝約$160）。だからことあるごとにマツバファンドが雇った車が利用されます。

113

114

115

○ジョアンジヌー

昨年の1月の訪問で、夫婦別れしていた奥さんが子どもを連れて戻ってきたことをご報告しました。子どもたちの笑い声が聞こえてほっとしたのを覚えています。

今回訪ねたところ（写真116、エルメリンダさん、運転手、ジョアンジヌーと子ども、奥さんと子ども、ミジャ、ジョアキム）、自宅に新しく薬屋を開店する工事をしていました。写真117です。彼はロスパロスの国立病院の看護師なので、きっと繁盛するでしょう。でも奥さんのお父さんとはまだトラブルが続いており、Reconciliationを行うとのことです。争いが起こった時、みんなで集まって争いを収めるための償いの贈り物を決めるのだそうです。例えば水牛10頭とか……。彼は結婚の時この地方の習慣で奥さんのお父さんに水牛77頭をあげる約束をし、それが数年前やっと終わったところだったのだそうですが、またまた出費がかさみそうです。

このReconciliationの制度はもしかしたら途上国に共通なの

116

117

かもしれません。アフリカで虐殺があった時同じようなReconciliationが行われたと聞きました。貧しいところでは、たくさんの子どもを持って家族が全員で支えあうとか、共通する社会保障制度や社会のルールがあるような気がします。

悦子ファンド

ラガ孤児院のゆかりの人たちへの佐藤悦子さんのファンド、今回は悦子さんがずっと大学卒業まで支援を続けてきたヴィタリーナです（写真118）。彼女は東ティモール国立大学でも特別優秀な生徒だったのですが、途中で結婚し、5人も子どもができてしまい途中で勉学を中断しました。悦子さんの励ましで大学に復帰し、最近卒業したのですが、就職難の現在ではなかなか職が見つかりません。そこで郷里のボヌでご主人のキャリアを生かして証明写真の店をしながら学校の先生をすることになりました。現在はボランティアの教師ですが、いずれ正規の教師になる予定です。悦子ファンドから融資を受けてコンピューターとプリンター、カメラの部品を買いそろえました（写真119。写真120が彼女の新居です）。田舎なので食料は何とか自給できそうなので、子どもたちの将来の教育費を賄えればと思います。

118

119

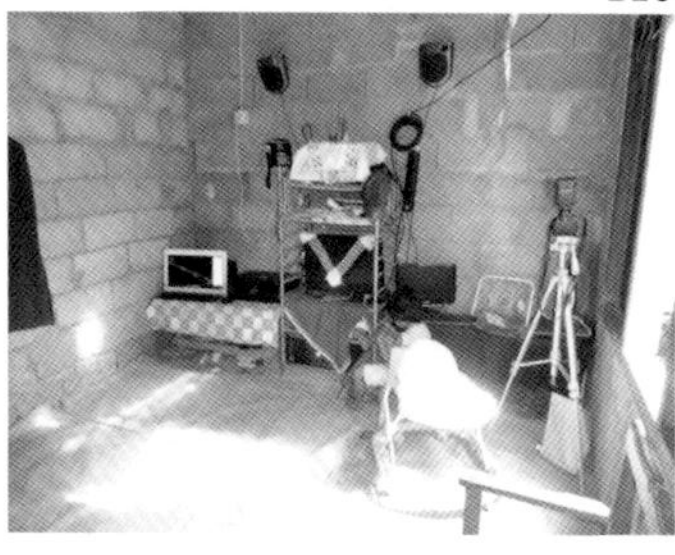

120

悦子ファンドを管理してくださっているシスターエヴァンジェリーナが、ラガ孤児院から首都のディリのバリデクリスタルに転勤になり、悦子ファンドがラガの付近だけでは運営できなくなり、少し心配です。ヴィタリーナなどはマツバファンドの他のメンバーが援助してきちんと管理するつもりです。

サメ

今東ティモールは政治で活性化しています。政権を取ったフレテリンと第2党のCNRTとの差がたった数票で、大統領・首相・議会議長とすべてを握っているにもかかわらず、議案が通らないからです。これまで猛烈なスペンディングポリシーで財政赤字累積、国家公務員の給与すら支払えなくなっており、騒然としています。しかし道路などは整備され、基本的インフラもかなり整ってきているので、2006年の時のあの深刻な危機感はありません。ただ政治的には活性化しています。第2党と第3党が手を結べばすべてをひっくり返せるので、現在選挙のやり直しがすべての政党から叫ばれています。ジョアキムは現在野党に下った以前の政権CNRTを支持しているので、自宅にCNRTの旗を掲げ事務所を作る予定だそうです（写真121）。別のマネージャーのカルロスは熱狂的なPLP（元大統領タウルの政党で第3党）の支持者ですが、現在は政治的な問題で感情的に対立することはないようです。2006年の時は深刻な対立があり、お互い接触しなかったことを思い出すと、それなりに民主主義

121

が浸透しているのだと思います。

ジョアキムは自動車を買いました（写真122）。これまで大型のトラックを持っていたのですが、自分が移動するための自家用車はありませんでした。この自動車でロスパロスまで行くことができます。マツバファンドのディレクターとして今後活動してもらうために本当によかったと思います。ジョアキムはビジネスマンとしてもとても安定した経営をしており、輸出向けのコーヒーばかりでなく、国内消費向けのパウダーコーヒーを売り出す予定だそうです。2003年最初に彼に会った時は、野菜の行商をしていたことを考えると、本当に感無量です。彼は人間としても信頼でき、すべてのマツバファンドのメンバーから信頼されており、彼をディレクターにすることにはみんなが賛成しました。ビジネスにおいて信用がどんなに大切かよく知っている人です。

123

122

ジョアキムの魚と豚と鶏のプロジェクトはそこそこうまくいっているようで、お昼においしいおいしい焼き鳥やチキンスープを山ほどごちそうになりました。

川向こうのマリトの家を5年ぶりくらいに訪問しました。川向こうには3人のメンバーが住んでおり、橋がなかったため川を歩いて渡らなければならなかったのですが（写真123：右端がマリトです。ずいぶん昔の写真です）、今はアメリカのNPOがつり橋を作ってくれていました。おかげでみんな足を濡らすことなく川を渡って通学通勤ができるようになりました。このつり橋をバイクが荷物を積んで渡るんですよ。だから川向こうにたくさんお店ができ、品物も豊富になりました。でもつり橋は怖い！

124

125

✧東南アジア6カ国の歌のコンクールで優勝！

カンクーン（空心菜）を売っている貧しい母親を持つ16歳の娘が、東南アジア６カ国の歌のコンクールで優勝しました。ティモール中が沸き立って彼女がインドネシアから帰ってきた日は各地からファンが押し寄せていました（写真１２６）。ミジャも大興奮です。人口百数十万そこそこの国で、世界に通用する能力を持った人はなかなか現れません。大統領・首相からすべての人が歓迎し、飛行場はとんでもない混乱状態で、巻き込まれた日本人のシスターは大変だったようです。

「あんなくだらないことでこんな大騒ぎするなんて！」とおっしゃっていました。でも私はティモール人の気持ちがわかるような気がするのです。小さな国でオリンピックでもサッカーの試合でも、さしたる成績を示せなかったのです。初めて（もしかしたら審査員もこれまでずっと落選し続けていたティモールに同情したのかもしれません）注目を浴びたのです。民族の自信を取り戻したのかもしれません。

126

✧国会議長アデリート

２００３年にはじめて私をサメに連れて行ってくれ、ジョアキムたちを紹介してくれたアデリート、元ティモールポストの編集長で私のマネージャー（あまり良いマネージャーではありませんでした）もやってくれていたアデリートが、ＣＮＲＴという与党の政治家になり、今は国会議長です。ＮＰＯ登録のため、サインをもらいに行ったのですが、これまでと違い国会議長の立派な家に住んでいました。給料もすごく高く、各国会議員には自動車一台貸与されるようです。政治家としての彼は弁は立ち、なかなか面白いのですが、実行力はこれからの課題でしょう。彼は与党ＣＮＲＴの党首で実質政権を担っているシャナナに可愛がられているようです。「タウルは今度は大統領に立候補しないようだね」と私に言うので、「今度はあなた？」と聞くと、「シャナナ次第だ」と言っていました。ＣＮＲＴから大統領候補で立候補するかもしれません。

127

✧例の問題のゼニーニャ

以前ご報告したと思いますが、ゼニーニャのご主人は弟を頼ってイギリスに行きました。

例の問題のゼニーニャ、突然消えてしまい散々捜してやっと見つけ出したと思ったら、またも計画を変えの繰り返しで、結局イギリスに出稼ぎに行くことになったゼニーニャと夫。

今回訪ねてみたら大変なことになっていました（写真128は今回訪ねた時のゼニーニャ）。頼って行った弟が肺結核になって、ジュリオが付き添ってイギリスから戻ってきていました。ジュリオはすぐイギリスに帰ったのですが、弟の方はゼニーニャの家で子どもたちが遊ぶすぐ隣の部屋で臥せっていました（写真129）。病院には行ったというので、その時は気が動転してそれ以上のことに気がまわりませんでしたが、

128

129

あとから「これは大変」と思い、ロスパロスで活動しているアフメットという日本のNGO（最初医療を行っていたのですが、現在は健康管理を行っている）にメールして、ゼニーニャのことをお願いしました。うまくいったかどうか心配です。多分東ティモールからの出稼ぎの人たちはできるだけたくさんお金を貯めるため、英国の健康保険にあたるNHSを支払わないのだと思います。そのため病院に行けず、深刻な病気になると送り返されてくるのでしょう。周りでたくさんの友人がイギリスに出稼ぎに行ったジャニコが、「なぜイギリスに行った人たちがこんなにたくさん死んでしまうのか今わかった」と言っていました。ティモール人は確かに計画性がありません。でも国のシステムが違う場合、日本人だっておかしな計画を立てると思います。東ティモールでは国立病院に行けば医療費はただです。また彼らは貧しいので税金など払ったことがありません。でもイギリスを出国する時、これまで払っていなかった税金を全部払わされ、持ち帰れるお金はずいぶん減ってしまうとのことです。こうした情報をちゃんと共有しないでイギリスへイギリスへと押しかけ、悲劇が起こるのでしょうね。イレニアについても心配です。

日本で介護のための外国人労働者を受け入れるという法案が通りました。これによるとこれまでのような低賃金労働獲得を目指したものではなく、ちゃんと日本人と同じ報酬を出すとのことです。日本の技能実習生は健康保険についてどうなっているのかわかりませんが、もし日本で受け入れるなら、いろいろな情報をしっかり伝えて、本当に両国のためになる制度にしたいものです。

✧食料としての犬

気の滅入るようなゼニーニャの家の訪問でしたが、時はNew Year、新年のお祝いの準備をしていました。新年にはごちそうとして犬を食べるようです。考えただけでも気持ちが滅入るのですが、私たちは牛や豚は平気で食べています。初めて食料としての犬の姿を見ました。きれいに内臓がとってあり、毛も焼いてあるようでした。料理をしていた男の子はうれしくてたまらない表情です。なかなか肉が食べられない田舎では、ごちそうなのでしょう。みんな犬の肉はおいしいと言います。レストランでも売っているのを見ましたが、私はとても食べる気になれませんでした。

130

131

制度変更——マツバファンドの新しい登録？

現在マツバファンドを新しく登録しなおす手続きをしています。文書はチンプンカンプンのポルトガル語で書かなければならず、「いくらたった10%とはいえ、利子を取るマイクロクレジットはビジネスだ」「コンパニーとして登録するしかない」「コンパニーとして登録するには資本金5万ドル以上のコンパニーでなければならない」などと無理ばかり言われていています。相談したティモール人（この人は独立前、スピーキングツアーで日本に来、私の大事なカーディガンをあげた人でした）は「マイクロクレジット」をやめて「Matsuba Fund Foundation」とし、「利子」をやめて「small administration fee」としてはどうかとアドバイスしてくれました。実際利子は「small administration fee」だし、私のファンドはまさに「コオペラティブ」なのです。とてもいいアイディアだと思いました。でもその時「officer に袖の下を$２００払わなければならない」と言われ、カチンと来ました。「冗談じゃない。この国を賄賂が通用する国にする手助けなんか絶対するものか」でもMija は払わなければならないと言います。しばらく思案中です。

Financial Report of Matsuba Fund (Statement of Profit and Loss)
From January 1 to June 30, 2017

Income	
Interest	3,007.03
Interest from Bank	0
Total	3,007.03

Expense	
Telephone fee	55.00
Transportation	345.06
Hotel	35.00
Photo Copy & Stationery	110.79
Staff Salary	560.00
Total	1,105.85
Profit (accumulate to the Fund)	1,901.18

Financial Report of Matsuba Fund (Balance Sheet)
From January 1 to June 30, 2017

Assets			Liabilities		
	1-Jan	30-Jun		1-Jan	30-Jun
Cash	985.56	2,591.64	Debt	89,500.00	90,500.00
Bank Account	0	2,000.00	Capital	39,579.66	39,579.66
Loan	128,094.10	127,389.20	Profit (accumulate to the Fund)		1,901.18
Total	129,079.66	131,980.84		129,079.66	131,980.84

Financial Report of Matsuba Fund (Statement of Profit and Loss)
From July 1 to December 31, 2017

Income	
Interest	77.00
Interest from Bank	0
Total	77.00

Expense	
Telephone fee	65.00
Transportation	30.00
Hotel	—
Photo Copy & Stationery	—
Staff Salary	480.00
Total	575.00
Profit (accumulate to the Fund)	–498.00

Financial Report of Matsuba Fund (Balance Sheet)
From July 1 to December 31, 2017

Assets			Liabilities		
	1-Jul	31-Dec		1-Jul	31-Dec
Cash	2,591.64	2,093.64	Debt	90,500.00	90,500.00
Bank Account	2,000.00	2,000.00	Capital	41,480.84	41,480.84
Loan	127,389.20	127,389.20	Profit (accumulate to the Fund)		–498.00
Total	131,980.84	131,482.84		131,980.84	131,482.84

マッバファンドは年に2回非営利のファンドとして税務申告をしています。

最後の税務申告を貼付します。

6月と12月に申告しているのですが、利子の受け取りは年に1回なので収入に偏りがあります。2003年の1月から始めたのでどうしても年の前半に利益が多くなり後半は少なくなります。でも1年をならすと赤字を出したことはありません。2017年も6月の利益は$1901.18で12月のそれはマイナス$498.00ですが、1年をならすとプラス$1403.18です。最後の年は主人と一緒だったので私は地方に行かずマネージャーさんたちが来てくれました。従ってホテル代や車のレンタル料がかからず、経費がいつもより少なくなっています（もっともこれは体調を崩した主人に付き添っていなければならなかったので、マネージャーさんのディリまでのバス代などは私が個人的に出しましたが）。

資本金（capital）$30,000で始めたので、現在$41,480.84−$498.00、つまり$40,982.84となっており、この14年間で$10,982.84の黒字です。もっともこれまで焦げ付いた融資をちゃんと損失計上したのはごく少ないので、この計算はとても楽観的な計算です。でもこれまで経費を節約して赤字を出さないように努力してきました。年間を通すと収入マイナス経費で赤字を出したことはありません。

しかしこれは報告書上のこと、お解りのようにdebtというのがあります。これは負債となっていますが、実質は寄付です。寄付にすると税務署から「収入があるではないか」と言われては困ると思い、私からの融資ということにしました（しかし返済不要の）。そのうちいろいろな方から寄付をいただくようになり、それもここに入れることにしました。まあ、あまり胸を張って赤字を出したことはないとは言えません。

最後のご報告

私事ですが、主人が体調を崩し今後長い闘病生活が続くことになりました。私自身は主人とは別にいつも6〜7月と12〜1月に訪問をしていたのですが、今回一人ではおぼつかない主人にアテンドして10月に3週間最後の訪問をすることになりました。これが私たち二人にとって最後の訪問となります。したがってマツバファンドのご報告もこれが最後です。これまで本当にありがとうございました。

主人は私よりずっと前、１９８６年から東ティモールの独立の支援をし、今回はその足跡をたどる旅でもありました。独立記念博物館（写真１３２）にはパードレサトウのコードネームで主人が山で戦っていたファリンティル（民族解放軍）に送ったサテライトフォン（写真１３３）が展示してありました。マツバファンドの事務所のあるウォーヴェテランのトップはスモチョ（現国会議員・写真１３４）という民族解放軍兵士で、山に送られてきたサテライトフォンがどうなったかを話してくれました。最初は使い方がわからず、全く役に立たなかったのですが、２台目に送られてきたものからやっと使えるようになり、アジオ・ペレイラ（現官房長官）、マリ・アルカティリ（初代首相）、ラモス＝ホルタ（第２代大統領）など、様々な国外のティモール人要人と連絡が取れるようになったとのことでした。サテライトフォンは、インドネシアのチピナン刑務所に捕囚の身となっていたシャナナ・グスマオ（初代大統領）に代わって山で戦っていたタウル・マタン・ルアク（第３代大統領・

132

133

134

135

現首相）副司令官たちの手に渡り、その役割を果たしたそうです。主人がラガの孤児院の孤児たちの支援に関わったのも、山で戦い死んでいったデイビッド・アレックスのメッセージを実現しようとしたからと言っていました。当時は多くの人が山で亡くなりました。

独立博物館には1996年にノーベル平和賞をもらったラモス＝ホルタを翌年主人の勤務する財団で仙台に呼んで講演会をやった時の写真（写真135）もありました。

最後のマッツバファンドのコンフェレンス

マッツバファンドをどうするかについての最後のコンフェレンスを開きました。突然だったので6人のマネージャーが参加できませんでしたが、私の隣がジョアキム、その隣がジョアナです（写真136）。初めに私がこれまでの活動に対する感謝の言葉を述べ、これからはジョアキムをディレクターに、ミジャを会計とし、ジョアナを監査役として今後のことを決めていってほしいと話しました。

バウカウのイレニアはまだイギリスに行っていません。夫との離婚問題を家族で話し合うため、出発していないとのことでした（ずっと後になって、イレニアは夫とよりを戻したと聞きました。良かった！）。そのため最後のマッツバファンドのコンフェレンスのために大学でレストランを開いて大成功しているJudithと一緒にランチ（写真137）を作ってくれました。とてもおいしかった！　写真138はJudithとイレニアです。ロスパロスのエルメリンダさん（写真139）はバスが遅れて時間に間に合いませんでしたが、それでも遠くから一日がかりで駆けつけてくれました。エルメリンダさんは私の最初のマネージャーで一番大切な心の支えだった今は亡きジュスティーノさんの奥さんです。二人でジュスティーノさんの写真のTシャツを着て、彼をしのびました。ファタルク語の辞書を

136

138

137

139

編纂し、昔からの詩を集めるなど、たくさんの文化的貢献もなさいました。

ファリンティルからの感謝状と記念品

ファリンティル（民族解放軍・現国軍）のトップが首都にいなかったので、№2のファルールに最後の挨拶をしに行きました。ファルールはずっと以前インドネシア軍との戦闘の様子を私たちに話してくれたことがありました。「ある日我々はインドネシア軍と戦い勝利した。つまりインドネシア兵を殺したんだ。その時私は声を聴いた。『お前はなぜ起き上がらないいんだ。お前はなぜ口を利かないいんだ。お前はなぜ目を開けないいんだ。お前はなぜ死んでしまったんだ』と泣き叫んでいる死んだインドネシア兵の友人の声だった。私はこの時すべての武器を捨てて、もうこんな戦いはやめてしまいたいと思った」と……。私はこの話をある小学校でしたことがあります。それまでざわざわしていた子どもたちが、急にシーンとなって真剣に聞いていたのを思い出します。

ファルールはファリンティルからと言って感謝状（写真140）とティモールの伝統家屋をかたどった銀細工（写真141）とタイシ（伝統織物・写真142）をくださいました。彼自身の書いた独立戦争の時代の体験記も（写真143）……。彼の書いたものだからきっととても面白いものだと思いますが、残念ながらテトン語とポルトガル語です。誰かに翻訳してもらいたいと思います。

ここでインドネシア占領時代、インドネシア語を公用語としていた東ティモールが、なぜ国語をテトン語とポルトガル語にしたか、ちょっと余談ですが触れておきます。東ティモールには30以上の地方言語があり、一応の共通語がテトン語です。インドネシアが占領する前はポルトガルの植民地だったため、学校（多分義務教育は普及していなかったので教会の学校）ではポ

140

141

142

143

ルトガル語が教えられていました。高等教育を受けた年配の人たちは今でもポルトガル語を話します。インドネシア占領時代には一応義務教育がインドネシア語で行われていたので、独立するに当たって国語を何にするべきか、つまり学校で何語を教えるかが問題になりました。私などは「当然テトン語でしょ」と単純に思いましたが……。大激論の末、結局テトン語とポルトガル語を公用語、インドネシア語と英語を商用語と決めました。名詞に女性・男性・中性の別があり、それぞれ複雑に変化するややこしい言葉をなぜ学校で教えるのか。そもそもポルトガル語の話せる学校の先生がほとんど居ない（一時学校を全部お休みにして数カ月間先生方にポルトガル語の集中教育をしたようですが、そんなに簡単にマスターできるわけがない）のに、どうやってポルトガル語を教えるのでしょう。でも日本のように文字の文化がしっかり定着し、古事記・万葉集・源氏物語から明治の開国後、外国の書物を瞬く間に日本語に翻訳して山のような知的財産を日本語として蓄積してきた我が国と違い、文字を持たない（インドネシアでも文字はアルファベットを使っています）ティモールではテトン語の書物は当時私の知る限り5冊くらいしかありませんでした。この5冊を読んでしまうともうおしまいです。あとは何も勉強する物がありません。だからどうしても山のような書物を知的財産として抱える言語を公用語にするしかなかったのです。

最後のお別れ

最後の日、懐かしいラガの孤児院の元院長先生シスター・マリアレティチアと、シスターエヴァンジェリーナが会いに来てくださいました（写真144）。「ラガの花たち里親会」が60人の孤児が中学を卒業するまでの長い間、支援をした時の院長先生です。マリアレティチアは院長をやめた後フローレス諸島でサレジア会の仕事をなさっていたのですが、また戻ってきていらっしゃいました。

2人目の子を妊娠していたエミーディアが会いに来てくれました（写真145）。私は3人の孤児に奨学金を出したのですが、2人はバウカウで会うことができず、電話でさよならを言いました。3人とも結婚し、バウカウのジュアニーナは3人の子持ち、エミーディアは女の子を育てながら赤十字で働いており、一番最後に結婚したセザリーナはこの前流産したそうです。ちょっと心配ですが、でも学校の先生をしな

144

145

がら悦子ファンドからお金を借りてKioskをオープンしました。

ＴＮＣＣのジョアナ・アマラルとも最後のランチを共にしました。写真１４６です。写真１４７は主人がサテライトフォンを送った相手、当時山で戦っていた独立義勇軍のトップ、首相のタウル・マタン・ルアクのお宅での最後の夕食の写真です。彼は「来年の9月5日、パードレサトウのお誕生日を祝いにみんなで仙台に行くよ」と言ってくださいました。現職の首相がそんなことができるとは思いませんが、でもその気持ちだけで胸がいっぱいになりました。１９９９年12月に山から出てきた彼に初めて会った時、長いもしゃもしゃの髪ににこりともしない彼の姿を見て、「この人は人を殺した人なんだ」と恐ろしかったのを思い出します。でも最初の子どもローラが生まれた途端、突然いつも笑っている幸せなパパに変身しました。本当に長い年月が過ぎ、たくさんのことが変わりました。最後の写真１４８は首相の車のナンバープ

146　147

レートです。

これで私たちの東ティモールでの活動を閉じることになりました。皆様のご支援にはただただ感謝しかありません。本当に本当にありがとうございました。

おわりに

✧父に

あらゆる意味で期待を裏切ったにもかかわらず、最終的にすべて受け入れてくれ、私に東ティモールでのこの活動の資金を残してくれた父に、感謝します。この小さなマイクロクレジットに父の名前をつけました。

✧渡辺信夫先生に

人間の歴史の中で誰にも知られず小さな小石を一つ一つ積み上げるように人類のために尽くしたたくさんの人々がいたことを教えてくださった渡辺信夫先生にも感謝します。私もそんなふうに生きることを目指し、この活動を始めました。私はどうしても人間性に対して悲観的になることができずクリスチャンになることができませんでしたが……。

私のこの活動が小さな小石になることを願って。

マイクロクレジットの小さな実験
──東ティモールにて

2024年6月6日　初版第1刷発行

著　　者　松葉由美子
発 行 者　中 田 典 昭
発 行 所　東京図書出版
発行発売　株式会社 リフレ出版
〒112-0001　東京都文京区白山 5-4-1-2F
電話 (03)6772-7906　FAX 0120-41-8080
印　　刷　株式会社 ブレイン

ISBN978-4-86641-752-3 C0095
Printed in Japan 2024